中国贸易金融行业
发展报告
（2016）

中国银行业协会贸易金融专业委员会　编著

中国金融出版社

责任编辑：孔德蕴　张怡姮
责任校对：李俊英
责任印制：张也男

图书在版编目（CIP）数据

中国贸易金融行业发展报告（Zhongguo Maoyi Jinrong Hangye Fazhan Baogao）.2016/中国银行业协会贸易金融专业委员会编著. —北京：中国金融出版社，2017.12

ISBN 978-7-5049-9103-4

Ⅰ.①中…　Ⅱ.①中…　Ⅲ.①金融机构—经济发展—研究报告—中国—2016　Ⅳ.①F832.3

中国版本图书馆CIP数据核字（2017）第172834号

出版
发行　**中国金融出版社**

社址　北京市丰台区益泽路2号
市场开发部　（010）63266347，63805472，63439533（传真）
网 上 书 店　http://www.chinafph.com
　　　　　　（010）63286832，63365686（传真）
读者服务部　（010）66070833，62568380
邮编　100071
经销　新华书店
印刷　北京侨友印刷有限公司
装订　平阳装订厂
尺寸　169毫米×239毫米
印张　8.25
字数　95千
版次　2017年12月第1版
印次　2017年12月第1次印刷
定价　56.00元
ISBN 978-7-5049-9103-4
如出现印装错误本社负责调换　联系电话（010）63263947

REPORT ON | THE DEVELOPMENT OF
CHINA'S TRADE FINANCE INDUSTRY (2016)

中国贸易金融行业
发展报告
2016
编委会

主　　　编：潘光伟

副 主 编：黄润中　崔炳文

编　　　委：胡忠福　张　芳　白瑞明　张　亮　古　瑞
　　　　　　郭三野　赵　濛　金淑英

执 行 主 编：杨　斌　姜　煦　宋　扬　郭　薇　孙剑波
　　　　　　杨　敏　刘泽云　左创宏　徐　捷

编写组组长：王之蔚

编写组成员（按姓氏笔画排序）：
　　　　　　王琛瑶　刘　睿　闫　波　李　冰　李晓玮
　　　　　　张　凤　张剑涛　张勇强　陈　丹　罗怡菁
　　　　　　俞平帝　俞　蕾　贾素红　路红卫

中国贸易金融行业
发展报告
2016

序 言

　　贸易在世界经济发展过程中扮演着
重要角色，对我国乃至全球经济健康、
稳定、有序发展举足轻重。贸易金融
是银行的基础业务，兼具支付结算、融
资、增信担保、保值避险、资金管理等
多项功能，是商业银行服务实体经济、
满足客户多样化需求的重要金融工具之
一。

　　当前，银行业贸易金融发展的内外
部环境正发生深刻变化。一方面，国内
经济正处于"稳增长、调结构"的新常
态，利率市场化、金融脱媒加剧；"信
息不对称"导致中小企业普遍面临融资
难、融资贵的窘境；欺诈等各类风险的
发生也对银行风险管控的方法和效率提
出了新课题，这些都倒逼银行业改变自
身经营方式，回归公司金融"支付结算
与信用中介"的本源。作为贴近实体经
济的贸易金融业务，通过与科技金融

1

技术相结合，搭建数字化、智能化金融服务平台，发挥其自偿性、综合性、创新性等优势势在必行。另一方面，随着"一带一路"倡议、"人民币国际化"战略、自由贸易区布局稳步推进，以及对交易银行经营理念的不断探索，商业银行的贸易金融业务迎来了新的发展机遇。

2011年，中国银行业协会贸易金融专业委员会正式成立，标志着我国银行业贸易金融业务在规范化、自律化方面迈上了崭新的台阶。该专业委员会为银行同业提供了研究、交流的平台，为贸易金融业务服务实体经济发展，践行国家战略提供了专业支撑，也为贸易金融业务创新发展提供了智力支持。

近年来，虽有对贸易金融业务的零星研究或专题报告，但缺乏由行业协会牵头、全行业共同参与的行业发展报告。本次协会编纂的《中国贸易金融行业发展报告（2016)》，作为首部反映中国银行业贸易金融行业发展情况的权威报告，具有重要的学术价值和里程碑意义。

在银行业协会贸易金融委员会的总体组织和安排下，在学界、业界专家的指导下，上海浦东发展银行作为贸易金融委员会常委单位之一，有幸成为了课题小组的牵头单位，并会同中国银行、农业银行、工商银行、建设银行、交通银行、招商银行、中信银行和民生银行贸易金融专家和业务骨干，共同编纂完成了《中国贸易金融行业发展报告（2016)》。

本《报告》共分五章，立足中国银行业贸易金融业务发展现状，兼顾阐述贸易金融行业发展的内外部环境及政策变化，研究并探讨了当今贸易金融业务发展热点及新方向，梳理了贸易金融业务发展过程中面临的各项风险，强调了风险控制的重要性及风险管理的方式方法，最后，对贸易金融行业发展趋势做了研判，并提出了一些建议，力求向读者展示中国贸易金融行业发展全貌，体现银行业协会和商业银行专业、务实、探索的精神。

众人拾柴火焰高。衷心希望《中国贸易金融行业发展报告（2016)》对银行从业人员及相关业界感兴趣的读者进一步深入了解中国银行业贸易金融业务有所裨益。让我们齐心协力，共同为中国银行业贸易金融业务规范、健康、持续发展添砖加瓦！

上海浦东发展银行副行长

中国贸易金融行业发展报告

2016

前 言

　　近年来，"稳增长、调结构"是中国经济发展的主旋律，内外部环境的深刻变化推动银行业加快改革步伐，回归公司业务本源，服务于实体经济发展。2016年，随着人民币正式加入SDR、"一带一路"建设推进、全口径跨境融资宏观审慎管理新政出台、自贸区扩容、全国外汇市场自律机制建立等一系列成果及举措的落地，中国贸易金融行业迎来了新的机遇与挑战。在协会的指导下，委员会各常委单位本着务实的精神，众志成城，在业务创新、课题研究、系统优化、风险管理等诸多方面取得了一定成绩。

　　为更好地呈现中国贸易金融行业发展现状，分享行业发展成果及热点趋势，同时强调风险控制管理，促进贸易金融行业健康、有序发展，我们编写了《中国贸易金融行业发展报告

（2016）》。报告主要包括五章，一是阐述了近年来中国国际、国内贸易金融行业整体发展的情况；二是分析了贸易金融业务发展的内外部环境及相关政策；三是对贸易金融行业热点及创新方式做了探索；四是围绕贸易金融业务可能发生的信用风险、市场风险、国别风险、法律及合规风险及操作风险，强调风险管控的重要性及方式方法；五是对中国银行业贸易金融业务未来发展趋势进行预测。

在中国银行业协会的指导下，在全体常委单位的大力支持下，紧扣业务发展亮点及行业最新动态，由浦发银行牵头，各家常委单位齐心协力，共同完成了报告的撰写工作。

第一章由浦发银行、民生银行负责；

第二章由工商银行、农业银行和建设银行负责；

第三章由建设银行、农业银行、浦发银行和中国银行负责；

第四章由中信银行、招商银行、交通银行和工商银行负责；

第五章由中国银行主笔，其他银行补充。

本行业报告凝聚了集体的智慧，体现出了一代贸金人辛勤耕耘、勇于探索的精神。在此，我们要向中国银行业监督管理委员会、中国银行业协会以及积极参与此次报告撰写工作的各家常委单位致以诚挚谢意！

不积跬步，无以至千里;不积小流，无以成江海。我国贸易金融行业要稳扎稳打，顺应"一带一路"、"人民币国际化"发展趋势，抓住转型升级契机，创新推进，发挥金融服务实体经济优势，为中国经济健康发展作出贡献！

中国银行业协会贸易金融专业委员会

REPORT ON | THE DEVELOPMENT OF
CHINA'S TRADE FINANCE INDUSTRY (2016)

中国贸易金融行业
发展报告
2016

目 录

■ 第一章　中国银行业贸易金融业务发展情况 ············· 1

第一节　中国银行业贸易金融概况 ···················· 3

一、贸易金融内涵和功能 ···················· 3

二、中国银行业发展贸易金融业务的必要性 ···················· 5

三、发展贸易金融对银行的重要意义 ···················· 6

第二节　中国银行业国际贸易金融业务发展情况 ···················· 7

一、中国银行业国际贸易金融业务发展现状 ···················· 7

二、中国银行业在国际贸易金融业务发展中存在的问题 ········ 11

第三节　中国银行业国内贸易金融业务发展情况 ···················· 11

一、依托传统结算工具创新融资产品 ···················· 12

二、政策及制度的改革与创新 ···················· 12

三、从供应链单一贸易融资到全方位"一站式"金融服务 ········ 14

四、借力合作伙伴，改变银行独立经营传统模式 ···················· 14

1

■ 第二章　中国银行业贸易金融业务发展环境…………**17**

第一节　贸易金融的全球性和地区性趋势 ……… 19

一、贸易融资总体活跃度 ……………………… 19

二、贸易金融的区域市场集中趋势 …………… 20

三、对保兑要求的趋势 ………………………… 20

四、贸易融资收入、费用的趋势 ……………… 21

第二节　中国银行业贸易金融业务发展内外部经济环境……… 23

一、世界经济形势 ……………………………… 23

二、国内经济形势 ……………………………… 25

第三节　中国银行业贸易金融业务发展政策环境 ……… 27

一、贸易金融相关政策盘点 …………………… 28

二、自贸区相关政策盘点 ……………………… 32

三、贸易金融业务发展政策环境 ……………… 34

第四节　中国银行业贸易金融业务市场需求及特征 ……… 36

一、贸易金融业务的需求 ……………………… 36

二、贸易金融业务的特征 ……………………… 38

■ 第三章　中国银行业贸易金融业务热点与探索………**41**

第一节　蓬勃发展的供应链金融 ……………… 43

一、供应链金融的定义 ………………………… 43

二、供应链金融的优势 ………………………… 44

三、供应链金融的模式 ………………………… 46

四、供应链金融的发展 ………………………… 46

第二节　推进人民币国际化进程 ……………… 47

一、2016年跨境人民币贸易金融情况 ·················· 47

二、人民币加入SDR货币篮子助推人民币国际化进程 ········ 48

第三节 应对"多变的"大宗商品市场 ·················· 50

一、建立全新授信理念 ··················· 50

二、创新结构性融资 ··················· 51

三、商品融资专营成为趋势 ··················· 52

第四节 冲浪互联网金融 ··················· 53

一、互联网金融的概念与特点 ··················· 53

二、互联网金融发展现状 ··················· 54

三、我国互联网跨境金融服务模式 ··················· 55

四、互联网金融对商业银行的影响 ··················· 57

五、互联网金融环境下商业银行转型的策略 ········· 58

第五节 乘着"一带一路"东风远航 ··················· 60

一、"一带一路"战略为推动贸易金融服务优化升级
提供机遇 ··················· 60

二、抓住机遇，开拓创新，在"一带一路"战略实施中
实现贸易金融业务的升级发展 ··················· 61

第六节 自由贸易区及特殊政策区域：贸金业务发展新机遇··· 64

一、自贸区及特殊政策区域金融改革创新各有特色 ········· 64

二、商业银行应勇当自贸区改革试验的金融服务
主力军 ··················· 69

第四章 风险控制及业务管理 ··················· 73

第一节 信用风险 ··················· 75

一、贸易金融信用风险概念与分类 ·················· 75

二、贸易金融信用风险特点 ·················· 76

三、贸易金融信用风险管控要点 ·················· 77

第二节 市场风险 ·················· 79

一、贸易金融市场风险概念与分类 ·················· 79

二、贸易金融市场风险管控要点 ·················· 80

第三节 国别风险 ·················· 83

一、贸易金融国别风险的产生 ·················· 83

二、贸易金融国别风险的管理现状 ·················· 84

三、贸易金融防范国别风险的建议 ·················· 85

第四节 合规及法律风险 ·················· 88

一、贸易金融业务监管政策新进展 ·················· 88

二、当前贸易金融合规及法律风险管理趋势 ·················· 92

三、积极有序开展反洗钱工作 ·················· 94

四、银行开展合规及法律风险管理的主要手段和措施 ·················· 97

第五节 操作风险 ·················· 99

一、贸易金融操作风险的概念和分类 ·················· 99

二、贸易金融操作风险的特征 ·················· 100

三、贸易金融操作风险管控要点 ·················· 101

■ **第五章 中国银行业贸易金融业务未来发展趋势**··· 103

一、贸易金融业务发展趋势 ·················· 105

二、商业银行应增强贸易金融业务的核心能力 ·················· 108

三、2016年商业银行贸易金融业务亮点 ·················· 111

四、中国银行业贸易金融业务发展相关建议 ···················· 113

第一章
中国银行业贸易金融业务
发展情况

第一节 中国银行业贸易金融概况

贸易是世界经济不断发展的必然产物，对一国经济健康、稳定、有序发展起到重要作用。贸易金融是银行的传统业务，随着全球商业模式及需求的不断调整，分工不断细化，以及信息网络技术迅猛发展，银行的贸易金融业务发展面临新的机遇与挑战。如何适应这种变革，转变经营思路，提升银行自身产品创新能力和服务质量，主动融入到贸易趋势和潮流中，成为银行不得不思考的重要课题。

一、贸易金融内涵和功能

（一）贸易金融的内涵

贸易金融是银行在贸易双方债权债务关系基础上，为国内或跨国的商品和服务贸易提供的贯穿贸易活动整个价值链的全面的金融服务[1]。基于上述内涵，银行提供的贸易金融服务对象范围不断深入拓展，除涵盖传统的国际、国内贸易商外，也可延伸至整个供应链的上下游，渗透至产业链的各个环节。

（二）贸易金融的功能

随着贸易模式及需求的不断创新与变革，贸易金融的功能不再仅局限于贸易结算、汇兑、贸易融资等传统基础性服务，还进一步拓展至增信担保、保值避险、资金管理等衍生增值服务。

---

[1] 陈四清主编：《贸易金融》（第1版），中信出版社，32页。

1. 以贸易结算为基础。

贸易结算是银行最初开展的贸易金融业务，是整个贸易金融的基础，也是促成贸易双方开展交易、降低成本的基本保障。银行凭借自身信用优势，介入贸易双方的交易结算中，以银行信用替代商业信用，变直接结算为间接结算，解决了贸易双方的信任问题，确保交易顺利开展。从国际贸易金融而言，基本结算方式包括汇款、出口托收/进口代收和信用证，遵循国际惯例或交易双方事先约定的仲裁法；从国内贸易金融而言，基本结算方式包括汇兑、托收承付、委托收款及国内信用证，遵循国内相关法律、法规。

2. 以贸易融资为核心。

根据《巴塞尔协议》对贸易融资的定义，贸易融资是指在商品交易中，银行运用结构性短期融资工具，基于商品交易中的存货、预付款、应收账款等资产的融资。贸易融资基于贸易结算基础上发展而来，是围绕贸易结算各个环节所发生的资金和信用的融通，是银行贸易金融业务开展的核心。其特点是基于真实贸易背景展开，切入企业贸易的上下游，融资期限较短、与贸易周期相匹配且风险相对可控。

3. 以增信担保、保值避险、资金管理等为外延。

随着国内外贸易环境日渐多变，贸易主体向多层次扩展，企业对银行贸易金融需求也在不断提升，除了传统结算、融资等基础性需求外，还衍生出担保增信、信用及汇率等风险控制、资产保值增值、企业资金管理等多方位需求。为满足并顺应这些需求，银行的贸易金融业务日趋专业化、综合化，银行担保、各类避险服务、理财及现金管理等增值性服务成为贸易金融服务中一个重要的环节。

二、中国银行业发展贸易金融业务的必要性

（一）贸易金融有助于支持实体经济发展

贸易金融服务于实体经济，嵌入到贸易双方包括采购、制造、销售等环节在内的上下游的各节点，与贸易周期相匹配，是商业银行的基础性业务，本质是为商品或服务交易提供支付、结算、信贷、信用担保、避险保值等服务，便利企业开展贸易往来，促进实体经济的健康发展。

（二）贸易金融有利于银企双方的风险防范

贸易融资及各类避险工具的组合运用，使得银行和企业能较大程度上规避或减轻自身承担的风险。对于企业而言，通过银行提供的担保、汇率／利率衍生业务、信保融资等产品和服务，能有效规避或减轻交易对手的信用风险、国别风险、政治风险及自身的汇率风险等，实现贸易项下风险规避和资金保值增值。对于银行而言，贸易融资具有自偿性的特点，即银行提供的每一笔融资都有与其相对应的贸易项下的未来现金流作为直接还款来源，实际上形成了一个现金流的闭环，将贸易融资的违约概率降到最低。一方面，在特定的贸易背景下，银行相对易于封闭运作和管理；另一方面，企业通过贸易融资获得的资金融通需专款专用，确保了资金投向符合实际交易所需，使得银行能充分掌握企业供应链上下游的物流、资金流和信息流。可见，贸易金融风险相对可控，如果客户不能偿还，银行可以及时察觉并采取补救措施，是银企双方的必然选择。

三、发展贸易金融对银行的重要意义

（一）发展贸易金融业务是银行调结构、降风险的有效途径

随着利率市场化和融资脱媒的深入推进与发展，银行依靠传统信贷业务轻松获取高利差的粗放型发展模式已经成为过去式，在这样的大背景下，同业竞争日趋激烈，各家商业银行都在寻求经营模式的转型。贸易金融因其自偿性特征，嵌入企业真实交易各环节，与企业物流、现金流对应，相较于流动资金贷款风险更低。同时，贸易金融风险资本占用较低，属于典型的轻资本型业务，将更加有助于银行信贷结构优化。

（二）发展贸易金融业务是银行批量获客的重要渠道

随着贸易金融业务不断发展，银行对企业的认知不再停留于单一客户，而是渗透至企业的整个供应链中。一方面，银行通过供应链中的核心企业营销并拓展其上下游客户，一些资质相对较弱却有实际融资需求的上下游中小企业客户可借助与核心企业间稳定的供销关系获得银行的资金融通支持；另一方面，银行也可通过与已有客户的合作找到该供应链中的核心企业并进行营销，从而进一步拓展客群。这种以客获客的营销方式，使得贸易金融成为银行批量拓展客群的重要手段。

（三）发展贸易金融业务是银行重要的收益来源

相对于资本项下资金流动受国内外经济环境变化冲击影响较大，贸易虽然在短期内可能会出现波动，但就长期而言发展仍较为平稳。贸易金融作为银行传统的基础性业务，发展至今已日趋成熟并具备了较为全面的产品线，其主要的收入形式为手续费、结售汇收入，

是标准的中间业务收入。因此，以贸易金融服务项下中间业务收益替代传统粗放型信贷模式项下的利差收入，将成为银行调整收入结构的有效手段。同时，贸易金融业务在满足客户需求的基础上，还能够为银行带来稳定的低成本负债，对于银行而言具备较高的"性价比"。因此，发展贸易融资业务已成为银行提高盈利能力的重要途径。

第二节　中国银行业国际贸易金融业务发展情况

一、中国银行业国际贸易金融业务发展现状

（一）2016年涉外贸易情况

2016年，我国经常账户顺差12 961亿元人民币，占GDP的比例为1.8%。其中货物贸易顺差32 832亿元人民币，服务贸易逆差16 247亿元人民币[①]。贸易方面，结合海关总署数据，主要体现如下特征。

一是从进出口量看，货物贸易先低后高逐季回稳。据海关统计，2016年全年我国货物进出口总值24.33万亿元人民币，比2015年下降0.9%。其中，出口13.84万亿元，下降2%；进口10.49万亿元，增长0.6%。第一、第二季度进、出口均不同程度下降，第三季度起进口增长，出口降幅显著减小，第四季度进、出口分别增长8.7%和

---

① 数据来源：国家外汇管理局官网，《2016年中国国际收支报告》和《中国国际收支平衡表时间序列数据（BPM6）》。

0.3%①。具体数据见图 1-1。

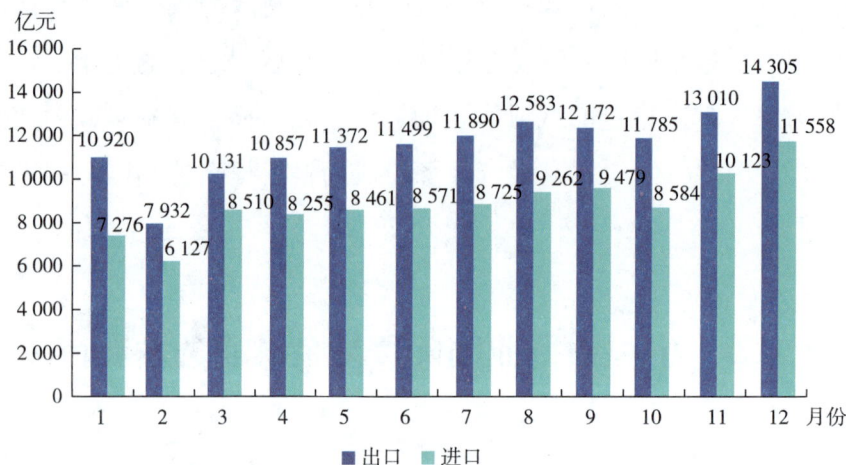

图1-1　2016年各月进出口数据统计表②

二是从国别地区看，我国对部分"一带一路"沿线国家出口增长。得益于国家"一带一路"战略的推进，2016 年，我国对巴基斯坦、俄罗斯、波兰、孟加拉国和印度等国出口分别增长 11%、14.1%、11.8%、9% 和 6.5%③。

三是从进出口产品看，以机电产品和传统劳动密集型产品出口为主，占出口总量比重的 78.5%；铁矿石、原油、铜等大宗商品进口量保持增长④。

---

① 数据来源：中华人民共和国中央人民政府官网，《海关总署介绍2016年全年进出口情况》。
② 数据来源：中华人民共和国海关总署官网，《进出口商品总值表（人民币值）B：月度表》。
③ 数据来源：中华人民共和国中央人民政府官网，《海关总署介绍2016年全年进出口情况》。
④ 数据来源：中华人民共和国中央人民政府官网，《海关总署介绍2016年全年进出口情况》。

四是从企业主体看，民营企业出口继续保持第一大出口主体，占出口总值比重的 45.9%。

五是服务贸易呈现逆差，主要呈现为旅行项下逆差增长。

（二）国际贸易金融业务发展现状

随着企业在贸易项下需求的不断丰富，贸易双方对银行提供的贸易金融服务的要求也不断提高，银行同业在国际贸易金融领域的竞争日益白热化。各商业银行在保有并提升传统贸易金融产品和服务的同时，也在不断寻求创新突破，全面提升市场竞争力，银行国际贸易金融业务呈现新变化，主要表现在以下几个方面。

1. 从单个业务环节向供应链上下游延伸。

为满足企业日益丰富且多样的国际贸易结算、融资、资金管理需求，银行将贸易金融服务渗透到企业整个上下游供应链中，逐步打破国际和国内贸易融资的界限，集内外贸和本外币业务为一体的融资产品不断涌现。对于同时具有进出口业务的客户，银行推出不同结算方式下的贸易金融产品组合，将其进出口贸易有机结合起来。比如银行可基于出口商赊销项下已获他行承兑或付款担保的票据或交易，为其开立进口信用证，确保其进口项下交易正常开展及资金支付，降低企业资金压力。

2. 从单笔业务融资向池融资发展。

传统的贸易融资是针对某个特定交易项下的单笔融资，每笔业务间相互独立，而随着银行进一步嵌入企业贸易上下游，池融资概念获得银企肯定。比如应收账款池融资将不同结算方式下产生的多笔零散的、小额的、连续的应收账款聚成"池"，只要应收账款保持在一定的余额之上，银行就可在核定的授信额度内，向企业提供融资。这种融资模式依托贸易的真实性和连续性，突破传统授信要求、单笔授信金额及融资期限和贸易期限不匹配的局限,有效盘活企业应收账款,改善企业现金流,加速企业资金周转,提高企业资金使用效率。

3. 结构性国际贸易金融产品受到青睐。

随着市场需求的不断变化,传统贸易金融项下单一产品或服务,如进口开证、进口押汇、打包贷款、出口押汇和贴现等已越来越无法满足企业多变且个性化的需求,结构性、组合型的国际贸易金融产品的开发及运用日趋成熟,如融资配套利率、汇率等衍生工具的综合性贸易金融产品已日益受到企业青睐。

4. 贸易融资资金来源多元化。

传统的贸易融资基本采用银行自有资金投放的模式,比如进口押汇、出口贴现等。然而随着各项跨境融资政策不断出台,贸易融资渠道不断拓宽,融资资金来源体现出多元化趋势,既可以是银行自有资金,又可以是同业资金,既可以是境内资金,也可以是境外资金。如此,对银行而言,可根据自身资金投放规模松紧适时采用合适的融资模式;对企业而言,可根据境内外利率、汇率差异,选择合适的融资渠道,降低财务成本。

5. 交易银行理念丰富了贸易金融服务内涵。

交易银行具有低风险、收益稳定、低资本占用的特点,对于正处于经济放缓、金融脱媒和利率市场化中的我国商业银行来说,战略意义凸显。作为最贴近实体经济发展的银行业务,交易银行回归公司业务的实质和本源,从客户实际需求出发,将传统支付结算、贸易金融、现金管理等业务相融合,是传统业务在更高阶段上的回归。交易银行理念的发展,丰富了银行贸易金融服务内涵和外延,形成了贸易金融与互联网、现金管理等多方面的交叉融合,逐步实现综合化、方案化、体验式的增值型金融服务。

二、中国银行业在国际贸易金融业务发展中存在的问题

（一）传统信贷管理模式束缚国际贸易金融业务的发展

传统信贷管理模式一般都有着十分严格的授信管理制度和贷款管理模式，其主要特征是按照授信主体是否符合贷款准入的标准来评估业务的风险，这种模式下，信贷的门槛较高。国际贸易融资因其自偿性特征，实际风险较低，相较于流动资金贷款更加着重于贸易业务本身。但在实际操作中，国际贸易融资也受到了传统信贷模式的影响，在国际贸易融资中使用传统信贷管理模式严重束缚了国际贸易融资的发展。

（二）客户结构不合理不利于国际贸易金融业务持续发展

传统信贷业务中，出于对企业自身信用风险及抗风险能力的考量，银行一般以大中型企业作为贷款对象，小企业较难获得资金支持。事实上，小企业是市场中较为活跃的经济主体，存在实际的贸易金融服务需求，客户结构的不合理将束缚商业银行国际贸易金融业务协调、持续发展。

第三节　中国银行业国内贸易金融业务发展情况

进入 21 世纪以来，随着我国改革进程不断深入，开放步伐不断加快，我国已成长为全球第一大贸易国以及第二大经济体。在此期间，我国国内贸易也在多年繁荣的经济增长当中，在规模和结构方面取得了长足的发展。相应地，我国银行业贸易融资产品也顺应时势、

迎合市场，依托基本结算工具、汲取国外同业先进经验、结合本土实际情况，在产品创新、政策与制度创新、结构设计和经营模式方面取得了可喜的进步。

一、依托传统结算工具创新融资产品

贸易结算是银行提供的最基础的金融服务之一。贸易融资因贸易结算而产生，为贸易活动中各方提供资金支持，在贸易过程中发挥着润滑剂和催化剂的作用。依托基本结算工具和对真实贸易背景的尽职调查以及贸易融资典型的自偿性特点，银行可以提供较低价格的资金，从而促成了企业交易，降低了融资成本。

随着国家改革开放的不断深入，国内外同业间的不断交流，市场需求的不断多样化，银行对贸易结构与本质的认识也不断深入。从最初的汇款资金结算到票据和国内信用证结算，到后来依托国内信用证的买方押汇、卖方押汇、议付、福费廷、依托票据衍生出的票据包买、商业承兑汇票贴现、电子商业汇票、票据置换、代理贴现、买方付息 / 协议付息贴现、无追索权贴现等产品，以及再后来的国内保理、供应链融资、货押融资、融资租赁等，国内银行业在国内贸易融资方面的创新步伐从未停歇，各类贸易融资创新产品也层出不穷。

二、政策及制度的改革与创新

（一）新版《国内信用证结算办法》为国内贸易融资注入新活力

2016 年 5 月中国人民银行和中国银行业监督管理委员会以公告的形式颁布了新版《国内信用证结算办法》（以下简称《办法》）。

新版《办法》在原先仅限于企业间货物贸易结算的基础上将国

内信用证的适用范围扩展为企事业单位间货物贸易和服务贸易结算。国内信用证的开证银行也由原来的国内商业银行拓展为包括政策性银行、商业银行、农村合作银行、村镇银行和农村信用社在内的金融机构。

新版《办法》取消了原先对国内信用证有效期不超过半年的限制，还将付款期限由原来的不超过半年延长为不超过一年，同时还增加了国内信用证保兑和转让功能。

上述新版《办法》带来的政策变化拓展和丰富了国内信用证应用范围和场景，为原先不适用于国内信用证的贸易结算和融资提供了新的工具，也为国内信用证注入了新的生命力，使之能够更好地服务于实体经济。

（二）大力推广电子票据应用及组建票据交易所

电子票据在伪造难度，使用安全性，资金结算时效性，融资期限和防控风险等方面相较纸质票据优势明显。因此，电子票据的推广应用得到我国金融监管机构的高度重视。

2016 年 9 月，中国人民银行下发了《关于规范和促进电子商业汇票业务发展的通知》（银发〔2016〕224 号）。通过允许所有金融机构参与票据转贴现交易，取消电票贴现贸易背景审查，一定金额以上强制使用电子票据等三项措施在扩大了票据转贴现市场参与者范围的同时，为电子票据的应用与推广以及我国票据市场的进一步发展注入了强劲的动力。

2016 年 11 月，中国人民银行通过下发《中国人民银行办公厅关于做好票据交易平台接入准备工作的通知》（银办发〔2016〕224 号），明确了票据交易所票据交易平台的上线运行时间、上线步骤以及参与主体准入条件，为电子票据的应用与推广进一步提供了制度与渠道方面的保障。

上述政策与制度方面的改革与创新，在为我国国内贸易结算与融资提供更多便利，释放更大潜能的同时，也是人民银行和银监会深化金融改革、服务实体经济的具体措施体现。

三、从供应链单一贸易融资到全方位"一站式"金融服务

随着商业银行客户维度管理和综合金融服务意识的深入，贸易金融的关注视角已经从为客户单个节点或多个节点需求提供服务，向企业运营全流程、企业集团全平台提供服务转变。这一趋势既体现在金融机构内部贸易金融产品体系的整合，还体现在金融机构"一站式"服务以及内部协同机制等方面的提升。

当今商业银行的贸易金融产品部门不仅要将既有贸易金融产品组合在企业供应链上加以应用，还要着力打通与网络渠道和现金与账户管理等产品间的关系。通过将贸易金融服务从线下拿到线上运行，在创新账户与现金管理服务的同时和贸易结算与金融服务深度结合，将企业日常经营与交易需求全部纳入银行综合服务体系内，让企业体验到高效、便捷的"一站式"金融服务。另外，银行通过深入掌握企业经营情况与贸易往来信息，结合大数据分析掌握贸易背景和进行未来趋势预判，从而在提高了银行授信管理效率的同时，降低管理成本和风险。这种以"交易银行"为发展方向的理念已经在部分银行得以实施并且取得了初步成效。

未来银行和企业间的关系将改传统"产品服务客户"为真正的"深层次互动"；企业也将从原先"单一产品客户"变为"整体服务用户"。

四、借力合作伙伴，改变银行独立经营传统模式

现阶段，商业保理公司、融资租赁公司、交易市场平台、信息

服务中介、贸易履约保险机构、增信机构等，甚至是供应链中的核心企业都可以成为商业银行开展贸易金融的合作伙伴。

以"信保融资合作"为例，商业保理公司以应收账款的管理和融资为其核心业务，在产品专业性和业务灵活性等方面具有优势；但其经营规模和资金价格方面相较商业银行差距较大，限制了其经营发展。商业银行通过对保理公司授信，以"再保理"的形式承接商业保理公司的部分优质资产，在实现优质资产投放、间接支持实体经济的同时，有效分散了银行和保理公司承担的授信风险，还帮助商业保理公司盘活了资产，为其经营发展提供助力，可谓一举三得。这种合作模式，充分利用商业银行资金实力雄厚和商业保理公司专业性强的优势，形成有效的互补，既有利于二者自身发展，又有助于服务实体经济。

再以"供应链融资"为例，银行依靠供应链中核心企业雄厚的经济实力和卓著的市场公信力为其上、下游企业提供贸易金融服务。核心企业分享的贸易信息成为银行判断贸易背景真实性的重要依据。有些情况下，核心企业甚至可以出让部分闲置的银行授信额度给重要的供应商或销售渠道，通过自身信用优势为供应链上、下游企业提供低成本贸易融资，稳定了自身供应与销售渠道的同时，降低了全供应链的整体融资成本，从而强化了自身的市场竞争力。银行通过参与核心企业的供应链融资，分享其上下游贸易信息，既一定程度节省了核实贸易背景的人力物力，又有机会充分利用核心企业闲置授信资源，可谓一举两得。

银行通过与第三方机构的合作，弥补了自身在信用风险控制方面的不足，使得融资条件更易达成，进一步促进了国内贸易金融的发展。

改革开放三十多年来，我国金融行业在与海外同业互动过程中汲取到很多营养，结合我国实际情况推陈出新，设计出诸多市场欢迎的贸易融资产品和模式。随着互联网和大数据技术的不断进步、融合与应用，我国国内贸易金融也将取得进一步的长足发展。

第二章

中国银行业贸易金融业务

发展环境

第一节 贸易金融的全球性和地区性趋势

当前，世界范围内国际贸易金融发展正处于关键时期，无论是发达国家，还是落后国家，贸易金融的发展都与它们的经济发展息息相关。没有贸易金融，贸易便不会扩大；没有贸易，也就没有对贸易金融的需求。近年，中国和其他新兴市场的发展势头已经有所放缓，国际商会 2015 年全球贸易金融调查报告显示，从 1983 年到 2008 年，全球贸易平均每年增长率约为 6%，但近几年增长率降低到 3%。

一、贸易融资总体活跃度

当前全球贸易增长有所放缓，但很多银行认为，贸易金融总体上在增长。表面上看，这是受不断增长的基础贸易的驱动，其实，由于国际贸易市场的动荡，为了应对跨境商业合同潜在的违约风险，企业对于贸易金融工具的需求增长非常明显。传统上贸易金融业务主要是在外汇管理制度框架下，银行为企业开展跨国贸易所办理的资金结算、融资等服务。近几年，贸易金融功能范围拓展，内容涵盖了结算、融资、信用担保、避险保值、财务管理等功能，进而提高了银行贸易金融发展的空间和深度。

对于从事贸易融资的银行而言，目前挑战正在增大且更为复杂，但银行在满足客户贸易融资需求方面的能力也在增强。对贸易金融银行来说，企业对贸易风险规避类产品需求的增长意味着业务扩展和费用收入的增长，但同时也表明，全球贸易市场中信用风险、交易对手风险和国别风险也在不断增加。

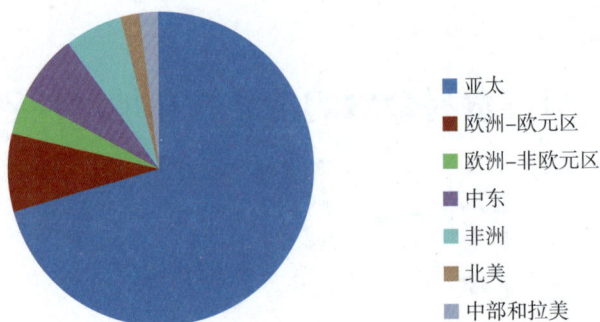

图例:
- 亚太
- 欧洲-欧元区
- 欧洲-非欧元区
- 中东
- 非洲
- 北美
- 中部和拉美

图2-1　进口通信MT700使用量

二、贸易金融的区域市场集中趋势

随着贸易活动重心持续东移，相当一部分银行主要的贸易处理中心在亚太地区，此外是在欧洲和北美。近年，中东地区重要性逐步体现，成为通往非洲市场的大门，这体现了中东的重要性。国际商会2015年全球贸易金融调查报告中有关SWIFT使用数据也同样支持了上述观点：亚太地区占了进口通信MT700的70%，占出口通信MT700的76%；SWIFT使用数据还显示，贸易金融通信量总体下降了1.79%，中东地区是2014年唯一增长的地区（增长1.59%）[1]。

尽管亚洲地区贸易增速在减缓，上述地区与发达经济体相比仍是贸易金融的核心市场。值得注意的是，商品价格的下降和其他结构性不平衡导致了全球贸易交易总量下降，但未对交易的商品量和服务量造成严重冲击。

三、对保兑要求的趋势

许多国际贸易金融市场的参与者发现，国际上各区域及世界范

---

[1] 资料来源：国际商会，《全球贸易金融调查》（2015）。

围内的银行和国家风险在增长，而且还在不断扩大，对保兑业务的需求印证了这个事实。一项调查发现，2015 年，59.9% 的受访者报告增加了对信用证保兑业务的需求。这种需求并非意味着跨境贸易活动的增加，而是受国际市场国际贸易商的风险认知的加深所驱使，也说明客户正在积极采取措施防范银行和国家风险，从而确保对受益人付款并提供保兑信用证。大约六成的受访者预期对信用证保兑业务需求将继续增长。基于近期一些贸易指向的新兴大市场的发展，结合大宗商品价格陡跌、利润收缩以及货币贬值的背景，或许我们将会以史无前例的规模迎来商业银行，尤其是多边银行下的合作，积极尝试并促进保兑业务发展。

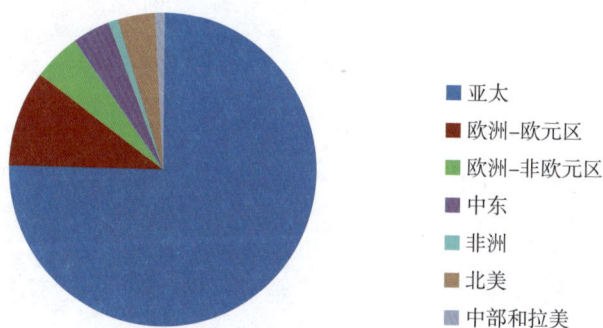

图2-2　出口通信MT700使用量

四、贸易融资收入、费用的趋势

当前，传统的贸易融资产品在产品组合中占据了更大的份额，由于国际贸易市场的动荡，企业对保兑及相关避险产品的需求增长。国际商会 2015 年全球贸易金融调查报告显示，承担违约风险责任的贸易融资产品的使用在 2015 年有所上升，备用信用证占到所有贸易产品的 7.7%，较 2014 年上升 2.7%，保函占所有出口贸易融资产品组合的 12.71%。此外，对保理和出口信用保险的贸易融资需求不断增长，涉及赊销和供应链融资的跨境保理业务大幅增长。2009—2014 年，跨境保理经历了一个指数级增长，增长率达到 24%。这些相关产品的发展对银行的贸易金融收入产生了影响，并导致贸易金融业务收入有所增加。

贸易金融的费用很大程度上是由相关风险评估、银行自身资源禀赋及对风险偏好决定的。事实上，费用增加最终将大部分由银行客户埋单。而这些客户早已是处于大宗商品价格下降、政经议题、国际贸易严苛市场环境的水深火热之中了。总之，在国际商会 2015 年全球贸易金融调查中关于贸易金融费用增长已经形成了广泛的预期。驱使客户银行成本上升的变量不尽相同，但其中不断重复的关键因素有：银行不断增加的风险资本负担；地缘政治及经济考量下增加的市场风险因素；全球范围内"了解你的客户"及合规成本的增加等。然而即便如此，相较于传统融资产品，如透支、贷款，贸易金融的风险明显更低，原因在于有贸易支持的融资工具较传统的贷款内在风险低。

2015 年国际商会贸易登记报告显示，总计有超过 76 000 亿美元的贸易融资风险敞口。登记数据显示，涉及银行和公司风险的客户贷款违约率仅为 0.72%（含进口和出口融资）；出口信用证违约率较低，为 0.04%；进口信用证则为 0.29%。

除此之外，2008—2009 年金融危机后，商品价格下跌的时候，银行遇到了很多妨碍贸易金融发展的新问题，比如，法院止付令、欺诈指控，以及合同纠纷、保函和备用证下索赔增多等。

第二节　中国银行业贸易金融业务发展内外部经济环境

一、世界经济形势

2015 年，受有效需求普遍不足、大宗商品价格大幅下滑、全球贸易持续低迷、金融市场频繁震荡等不利因素叠加影响，世界经济增速低迷。一方面，发达经济体总体温和复苏，但基础并不牢固，美国、英国相对较好，全年分别增长 2.4% 和 2.2%；欧元区全年增长 1.6%，较 2014 年提高 0.7 个百分点；日本经济仍陷低迷，全年仅增长 0.5%。另一方面，新兴经济体经济增速连续第五年放缓且严重分化，部分国家出现资本外流、货币贬值、外储下降、汇市动荡相互作用的共振现象。

进入 2016 年，全球经济呈现企稳迹象，金融市场信心回升，大宗商品价格反弹，多数主要经济体货币对美元小幅升值，但实体经济依然脆弱，市场需求依旧低迷，宏观政策效力减弱，世界经济低增长高风险局面难有根本改观。发达经济体复苏势头放缓，美国经济好于其他发达国家但经济增长势头仍不强劲；欧元区政府负债率已开始下降，债务危机风险减小，但难民潮、英国脱欧问题增加了欧洲经济的不确定性；日本经济政策效应衰减，经济增长动力进一步减弱。新兴经济体总体反弹乏力，巴西、俄罗斯等国经济萎缩，增长前景不容乐观。

表 2-1　2014—2017 年世界经济增长趋势 [①]

单位：%

年份 地区	2014	2015	2016	2017
世界经济	3.4	3.1	3.2	3.5
发达国家	1.8	1.9	1.9	2
美国	2.4	2.4	2.4	2.5
欧元区	0.9	1.6	1.5	1.6
英国	2.9	2.2	1.9	2.2
日本	0	0.5	0.5	−0.1
新兴市场和发展中国家	4.6	4	4.1	4.6
俄罗斯	0.6	−3.7	−1.8	0.8
中国	7.3	6.9	6.5	6.2
印度	7.3	7.3	7.5	7.5
巴西	0.1	−3.8	−3.8	0
南非	1.5	1.3	0.6	1.2

注：2016 年和 2017 年为预测值。

受全球经济放缓、国际需求不振影响，2015 年世界货物贸易增长疲软。据世界贸易组织统计，2015 年，世界贸易量仅增长 2.8%，且低于世界经济增速；贸易额从 2014 年的 19 万亿美元大幅下降 13% 至 16.5 万亿美元。发达国家出口量增长 2.6%，进口量增长 4.5%，其中欧洲成为 2015 年全球贸易亮点，拉动全球进口量增长 1.5 个百分点。发展中国家出口量增长 3.3%，进口量增长 0.2%，其中亚洲出口量增长 3.1%，进口量增长 1.8%。

进入 2016 年，全球贸易难以摆脱困境，发达经济体和新兴经济体贸易均出现不同程度的下降。世界贸易组织预计，2016 年世界贸

[①] 资料来源：国际货币基金组织，《世界经济展望》，2016年4月。

易量增长率为2.8%。其中，发达国家出口量增长2.9%，略好于2015年，进口量增长3.3%，增速较2015年有所放缓；发展中国家和新兴市场经济体出口量增长2.8%，较2015年下滑，为金融危机以来首次低于发达国家出口增速；进口量增长1.8%，增速较2015年有所改善，但仍低于发达国家。

表2-2　2014—2017年世界贸易增长趋势 [1]

单位：%

地区　　　　　　　　　年份	2014	2015	2016	2017
世界货物贸易量	2.8	2.8	2.8	3.6
出口：发达国家	2.4	2.6	2.9	3.8
发展中国家和新兴经济体	3.1	3.3	2.8	3.3
进口：发达国家	3.5	4.5	3.3	4.1
发展中国家和新兴经济体	2.1	0.2	1.8	3.1

注：2016年和2017年为预测值。

二、国内经济形势

总体上看，近年中国经济进入"新常态"，2015年经济运行的总体特征是稳中趋缓、稳中有进，各领域分化加剧，动力转换过程中有利因素和不利因素并存。主要表现在以下几方面。

产业方面，结构持续优化，结构性衰退和结构性繁荣并存。第三产业占GDP的比重持续提升，高于第二产业。工业内部结构调整加快，新产业、新业态、新产品增长较快，产业结构加快向中高端水平迈进，但行业景气度差异较大。

消费方面，网上商品零售、通信类商品、旅游等领域消费高速

---

[1] 资料来源：世界贸易组织，《贸易快讯》，2016年4月。

增长，而石油及制品类消费大幅衰退。出口方面，一般贸易出口保持正增长，而加工贸易出口大幅下降，传统七大类劳动密集型产品出口优势明显下降。区域经济增长差距显著，多速增长格局出现。一些产业基础好、结构多元化、调整步伐快、开放程度高的地区，经济仍然保持良好发展势头；而一些产业结构落后单一、产能过剩行业比较集中的地区，经济下行速度较快。

企业景气分化，同一行业内冰火两重天。一方面，一些大型企业、上市企业紧抓市场、政策机遇，发挥其规模、品牌等优势，发展相对较好。另一方面，量大面广的传统企业、中小企业依然普遍面临生存难、转型难的困境。

经济运行中存在的主要问题包括：一是投资增长后劲不足；二是市场出清困难；三是就业压力逐步凸显；四是金融风险加大。

在经济新常态背景下，我国对外贸易从高速增长转向中高速增长，中国贸易金融业务还面临以下几方面的环境变化，也给银行带来新的空间和机遇。

第一，对外贸易新格局拓宽贸易金融市场区域。中国企业"走出去"的规模、层次和水平也在不断提升，银行将面临更广阔的市场区域和更广泛的客户群体，在跨时区、跨国家、跨币种等维度上的国际结算、贸易融资和担保等服务需求也随之增加，这将带动利率汇率风险规避、跨市场投资理财等贸易金融产品的创新。"国际结算量"是反映银行业贸易金融业务发展情况的重要指标之一，自2016年底开始全国进出口总量已出现回暖迹象，可以预见进出口总量的增加将为贸易金融带来更为广阔的市场。

第二，"一带一路"激发贸易金融业务新活力。随着我国与"一带一路"沿线国家合作的进一步推进，相关贸易规模和对外投资将进一步提高，将为贸易金融在助推跨境贸易和投资合作方面注入新的活力。

第三，人民币国际化趋势引领贸易金融发展新方向。人民币相关的贸易金融服务需求在增加，中资银行可以通过人民币服务获取大量的离岸客户，进一步带动相关贸易金融产品的创新。同时，国际大宗商品交易领域将有可能引入人民币计价，这为中资银行深度参与国际大宗商品交易创造了条件和机会。

第三节　中国银行业贸易金融业务发展政策环境

目前，贸易金融业务是各大商业银行的战略业务之一，它基于传统国际结算业务，集结算、融资、担保于一体，能够满足客户各种贸易项下业务需求，可以为增加存款沉淀、提升中间业务收入、扩大客户基础作出积极贡献。近年来，各大银行贸易金融业务取得了长足的发展，在国家"一带一路"战略和国家外交战略布局的引导下，各家金融机构大力发展贸易金融业务，特别是在本外币一体化经营战略下，成功实现了转型升级，并引入跨境融资、供应链金融等全新元素，更好地支持了贸易金融业务的发展。

随着商业活动日趋复杂和多样化，政府监管要求不断调整变化，银行为了满足发展和合规的需要，将贸易金融不断推向"个性化方案"的形式，出现了很多新的贸易金融模式。同时，随着我国经济开放程度加大，资本项目开放、人民币汇率弹性增加、利率市场化与人民币国际化相互促进、政府着力推动外汇改革等因素的叠加效应显现，我国金融市场日趋完善，为商业银行开展贸易金融业务创造了更便利的内外部环境。

一、贸易金融相关政策盘点

（一）《对外贸易发展"十二五"规划》

2012 年 4 月商务部印发了《对外贸易发展"十二五"规划》（以下简称《规划》），《规划》提出，保持出口退税、贸易融资和出口信用保险等外贸政策的基本稳定，增强企业信心；规范外贸经验秩序，保护企业合法权益；进一步改善通关、结算环境，加强进出口环节的收费监管，清理并逐步取消进出口环节的不合理限制，更好地支持贸易金融业务的发展。

（二）《关于促进外贸稳定增长的若干意见》

为落实做好稳定外贸增长，缓解企业融资难、扩大贸易融资规模、降低贸易融资成本等问题的实施，2012 年，国务院办公厅发布了《关于促进外贸稳定增长的若干意见》（国办发〔2012〕49 号）。

2014 年 6 月，中国人民银行印发了《关于贯彻落实〈国务院办公厅关于支持外贸稳定增长的若干意见〉的指导意见》（以下简称《指导意见》）。《指导意见》目的是支持金融机构采取拓宽企业融资渠道、推进人民币跨境结算、完善人民币汇率机制、改进金融服务等措施，积极创新，不断提升服务外贸企业水平，支持外贸稳增长、调结构。《指导意见》的内容主要体现为以下六点：

一是拓宽了外贸企业融资渠道。鼓励银行业金融机构积极创新金融产品和服务，加大对外贸企业的支持力度。

二是以人民币跨境业务助推外贸增长。《指导意见》简化了跨境贸易和投资人民币结算业务流程，允许跨国企业集团开展跨境人民币资金集中运营业务，允许开展个人跨境货物贸易和服务贸易人民币结算业务，支持银行业金融机构与支付机构合作开展跨境人民币结算业务。

三是创新金融产品，支持外贸发展。指导意见明确"加大外汇产品创新力度，增加外汇市场交易品种，研究外汇期权组合产品和期货业务创新，形成即期、远期、期货、期权等多种产品结合，汇率产品和利率产品结合的产品体系"。

四是全球布局，服务外贸企业"走出去"。《指导意见》支持境内金融机构通过跨境并购、开展跨境人民币业务等方式，加快海外布局，发展以客户为中心的全球统一授信、营销、管理和服务体系。

五是流程再造，为外贸企业提供全方位金融服务。根据客户要求提供便利化、个性化的服务需求。

六是规范收费，减轻外贸企业负担。随着意见的出台，为贸易金融业务提供了有力的政策支持。

（三）《国务院关于促进外贸回稳向好的若干意见》

2016 年 5 月，国务院出台了《国务院关于促进外贸回稳向好的若干意见》（国发〔2016〕27 号，以下简称《意见》），《意见》中明确了对促进外贸回稳向好的指导意见，主要体现为：一是提出大力支持外贸企业融资，通过差别准备金、利率、再贷款、再贴现等政策，引导金融机构加大对小微企业的支持力度。加强银贸合作，鼓励和支持金融机构进一步扩大出口信用保险保单融资和出口退税账户质押融资规模。二是进一步提高贸易便利化，调整完善的出口退税政策。进一步降低海关出口平均查验率，加大对信用差的出口企业查验力度。同时优化出口退税率结构，逐步提高出口退税一类企业比例，发挥好一类企业的示范带动作用。三是进一步完善加工贸易政策。综合运用财政、土地、金融政策，支持加工贸易向中西部地区转移。四是加大对外贸新业态的支持力度。开展并扩大跨境电子商务、市场采购贸易方式和外贸综合服务企业试点。五是发挥双向投资对贸易的促进作用。加大招商引资力度，稳定外商投资规模和速度，推动对外投资合作和贸易相结合。

《意见》从五个方面十四条政策措施提出要多措并举，促进外贸创新发展，努力实现外贸回稳向好，为贸易金融的发展提供了有力的支撑。

（四）跨境融资宏观审慎管理政策

1.《中国人民银行关于在全国范围内实施全口径跨境融资宏观审慎管理的通知》。

2016年4月，中国人民银行发布了《中国人民银行关于在全国范围内实施全口径跨境融资宏观审慎管理的通知》（银发〔2016〕132号，以下简称《132号文》），统一了国内企业的本外币外债管理，并将本外币一体化的全口径跨境融资宏观审慎管理试点，自2016年5月3日起扩大至全国范围内的金融机构和企业。

《132号文》出台之前，我国的外债分为外币外债和人民币外债，处于多头管理的状态，相应的资金使用管理归口是，外币外债为外汇局管理，人民币外债纳入跨境人民币业务，为中国人民银行管理。同时根据借款期限的不同分为短期外债和中长期外债，短期外债由国家外汇管理局管理，中长期外债由国家发展改革委审批。外资企业主要在"投注差"范围内借入外债，中资企业使用外债时须逐笔向相应的管理部门报批。

《132号文》出台后，进一步提高了企业跨境融资的自主性和境外资金的利用效率，极大地提高了企业在跨境融资方面的积极性。进一步扩大了企业跨境融资规模，放大了企业对于跨境人民币融资的需求，同时拓宽了人民币和外币回流渠道，契合国家金融战略需要。

2.《中国人民银行关于全口径跨境融资宏观审慎管理有关事宜的通知》。

2017年1月11日，中国人民银行发布了《中国人民银行关于全口径跨境融资宏观审慎管理有关事宜的通知》（银发〔2017〕9号，以下简称《9号文》）。在不改变2016年《132号文》整体框架的前提下，《9号文》对全口径跨境融资宏观审慎管理框架的部分微观要素进行了调整，进一步发挥了扩大企业及金融机构融资渠道、降低实体经济融资成本的作用。主要调整为以下几方面：

一是增加外国银行境内分行适用该办法的规定。《9号文》明确将外国银行（港澳台地区银行参照适用）的境内分行纳入适用范围，优化了原先《132号文》中的内容，将外商独资银行、中外合资银行（含港澳台地区银行）及前两者的境内分行纳入全口径跨境融资宏观审慎管理框架体系。

二是扩大跨境融资风险加权余额排除业务类型，从被动负债、贸易融资等多角度为资金需求方创造了更广阔的融资空间。首先，《9号文》将外币被动负债、境外主体境内外币存款纳入了排除范围，并新增了被动负债的业务类型，即合格境外投资者（QFII）或人民币合格境外机构投资者（RQFII）存放在金融机构的QFII、RQFII托管资金，境外机构存放在金融机构托管账户的境内发行人民币债券无须计入跨境融资风险加权余额。其次，《9号文》规定，无论人民币还是外币贸易融资均无须计入跨境融资风险加权余额中。最后，《9号文》新增了金融机构因境外同业拆借所产生的对外负债进入豁免计入跨境融资风险加权余额的范围中[1]。

---

[1] 摘自《中国外汇杂志》。

三是将企业融入外汇的结汇方式从"按照需求结汇"变更为"意愿结汇"。《9号文》中规定了融资企业可以自由选择结汇时机，改变了《132号文》中有实际需要才能结汇的要求。

《9号文》的发布给了我国企业开展对外融资、拓宽融资渠道、充分利用境外低成本资金提供了重要的政策依据。同时扩展了外资金融机构境内机构的业务范围，为引入更多的境外闲置资金支持我国企业融资提供了政策空间。

二、自贸区相关政策盘点

（一）上海自由贸易区

1.《国务院关于印发中国（上海）自由贸易试验区总体方案的通知》（国发〔2013〕38号）（以下简称《通知》）。

《通知》中明确了加快金融制度创新，在风险可控前提下，可在试验区内对人民币资本项目可兑换、金融市场利率市场化、人民币跨境使用等方面创造条件进行先行先试。同时增强金融服务功能，推动金融服务业对符合条件的民营资本和外资金融机构全面开放，逐步允许境外企业参与商品期货交易。上述方案的推出为贸易金融业务提出了更高的要求，逐步形成了以贸易金融为主体，比较完整、独立和成熟的产品线。

2.《中国人民银行关于金融支持中国（上海）自由贸易试验区建设的意见》（以下简称《意见》）。

《意见》进一步促进了贸易投资便利化，扩大了金融对外开放，推动了试验区在更高平台参与国际竞争，同时对建立可控风险管理的账户体系、探索投融资汇兑便利、扩大人民币跨境使用、稳步推进汇率市场化等方面做出了明确的规定。

2014 年 5 月，自贸区分账核算和风险审慎管理细则发布。上海市金融机构按照"标识分设、分账核算、独立出表、专项报告、自求平衡"要求开展分账核算业务。

3.《进一步推进中国（上海）自由贸易试验区金融开放创新试点加快上海国际金融中心建设方案》（银发〔2015〕339 号）。

由中国人民银行牵头其他五个部门及上海市政府共同下发了《进一步推进中国（上海）自由贸易试验区金融开放创新试点　加快上海国际金融中心建设方案》的通知，通知中要求加快推进资本项目可兑换、人民币跨境使用、金融服务业开放和建设面向国际的金融市场，不断完善金融监管，大力促进自贸试验区金融开放创新试点与上海国际金融中心建设的联动，加大对上海自贸区整体建设的统筹规划，依托自贸试验区金融制度创新和对外开放优势，充分发挥监管机构统筹协调功能，全面推进面向国际的金融平台搭建，提升金融市场配置境内外资源的功能，同时做好风险防范措施，完善跨境资金流动监测，加强反洗钱、反恐怖融资和反逃税方面工作，切实做好风险防范，守住系统性、区域性金融风险底线。

（二）广东、天津、福建自由贸易试验区总体方案

2015 年国务院陆续下发了《国务院关于印发中国（广东）自由贸易试验区总体方案的通知》（国发〔2015〕18 号）、《国务院关于印发中国（天津）自由贸易试验区总体方案的通知》（国发〔2015〕19 号）和《国务院关于印发中国（广东）自由贸易试验区总体方案的通知》（国发〔2015〕20 号），通知中明确了三大地区自由贸易试验区的总体方案，主要包含总体要求、区位布局、主要任务和措施、监管服务和税收政策以及保障政策五方面内容，标志着我国自贸区建设正式迎来"2.0"时代。

三大自贸区均有明确的定位和当地特色，其中广东自贸区将主打港澳牌，建立粤港澳金融合作创新体制、粤港澳服务贸易自由化，以及推动粤港澳交易规则的对接；天津自贸区定位将挂钩京津冀系统发展，借助"一带一路"契机服务和带动渤海经济，打造航运税收、航运金融等特色；福建作为大陆与台湾距离最近的省份，将通过自贸区突出对接台湾自由经济区以及建设海上丝绸之路。随着自由贸易区的建立，自贸区政策日趋完善，为贸易金融带来了长足发展的机遇。

三、贸易金融业务发展政策环境

2016 年，世界经济将延续温和复苏态势，不确定因素较多，国际竞争更加激烈。我国经济开局平稳，结构调整稳步推进，新生动力加快孕育，但仍面临下行压力。近年来，我国坚持以全面深化改革推动结构调整，把简政放权、放管结合持续向纵深推进，将破除制约市场活力和创新发展的各种束缚，打造大众创业、万众创新和增加公共产品、公共服务的双引擎，推进"互联网 +"行动计划，实施"中国制造 2025"，推动中国装备"走出去"和国际产能合作，加强信息基础设施建设，发展现代服务业。特别是积极推进新一轮扩大开放，扩大上海自由贸易试验区实施面积范围，设立广东、天津和福建自由贸易试验区，出台《推动共建丝绸之路经济带和 21 世纪海上丝绸之路的愿景与行动》，将为中国经济特别是对外经济贸易创造新的增长空间。

随着商业银行以客户维度管理和综合金融服务意识的深入，贸易金融将打破固有概念，融合国内业务、国际业务、跨境业务范畴，面向国内、进出口、国外三个市场提供贸易金融服务。随着银行业进入大资管时代，贸易金融范畴将不再是囿于"结算＋融资＋贸服"的内涵，围绕企业账户管理为核心的现金及财富管理、职能账户功能、流动性支持等将成为贸易金融的热点业务领域。贸易金融将结合不同行业和不同经济领域进行专业细分，呈现特点鲜明的各种业态。同时贸易金融的新蓝海将是自贸区金融与跨境金融，改革政策红利及多个市场相继开放让其大有可为，政策的更新迭代和人民币国际化进程将内生为贸易金融的服务内涵和实现手段。

近几年，商务部、发改委、人民银行、银监会、外汇管理局等多部委下发了很多支持稳定外贸，支持"一带一路"等方面的政策法规，全面支持习主席 2013 年提出的"丝绸之路经济带"和"21 世纪海上丝绸之路"两大倡议，同时契合了党的十八届三中全会《中共中央关于全面深化改革若干重大问题的决定》报告中提出的相关内容。随着"一带一路"战略推进，更多的金融扶持政策呼之欲出。未来将从出口买方信贷、援外贷款和出口信用保险等方面加大支持力度，除了已经建立的丝路基金，下一步还将建立国别基金、产业基金，企业也可以参与其中。同时，还将和更多沿线国家建立双边合作基金和自贸区，努力构建依托周边、面向全球的自贸区网络。

2016 年 5 月 1 日，"营改增"全面实行。"营改增"对于银行的一大变化是金融同业业务由营业税下的免征改为增值税下的征税。相对于贷款利息，手续费更受企业欢迎，手续费收入缴税后可供企业进项抵扣，相对于利息收入，银行和企业承担的税负减轻了。"营改增"对银行利息、手续费收入的不同影响势必会促进银行收入结构和业务结构的调整，贸易金融业务具有手续费收入占比高的优势，在各类业务特别是对公业务中的重要性显著提升，有利于贸易金融业务的发展。

综观当今，贸易金融的发展离不开国家和监管机构各项政策的引导和支持，离不开国家战略推进方向的指引，在看到机遇的同时，我们也要清醒地看到，地缘政治局势动荡、贸易保护主义抬头、合规制裁日趋严厉等因素，也在制约着贸易金融的健康发展，政策的合理运用有助于提升我国在国际社会上的地位和形象，而且将大大拓展银行的业务范围，充实银行贸易金融服务内容，帮助中国商业银行提升国际竞争力。

第四节　中国银行业贸易金融业务市场需求及特征

一、贸易金融业务的需求

贸易金融业务是典型的商业银行综合金融服务，可满足企业结算、融资等各种多样化需求。

（一）贸易结算

贸易结算是指清偿贸易项下债权债务的行为，商业银行充当清算中介。国际结算一般包括汇款、托收和信用证等方式，国内结算一般包括本票、汇票、支票和信用证等方式。不同结算方式下，买方付款条件和时点不同，卖方承担的风险相应不同。

（二）资金融通

资金融通是指商业银行为企业短期贸易提供的融资便利，根据主体不同，可分为买方融资和卖方融资。贸易金融项下资金融通的载体一般是应付账款、应收账款和存货，即基于应付账款给买方提供延期付款的便利，基于应收账款给卖方提供提前收款的便利，基于存货给买方或卖方提供流动性支持。

（三）信用担保

信用担保是指商业银行出借自身信用，为买卖双方提供增信服务，从而使得贸易过程中的商业信用转变为银行信用，银行保函是典型的商业银行信用担保业务。除保函之外，信用证开立、信用证议付、保理、福费廷、票据贴现、提货担保、风险参与等业务均有商业银行的信用介入。

（四）风险管理

买卖双方在贸易及融资的过程中往往会面临多种风险，而贸易金融的风险缓释措施相对较为丰富。比如，通过投保短期出口信用保险规避国外买方风险（商业风险）和国别风险（政治风险），通过汇率衍生交易（远期结售汇、外汇掉期、外汇期权等）规避汇率变动的风险，通过套期保值交易规避商品价格波动的风险。

（五）存货管理

存货是企业资产负债表的重要组成部分，无论是买方还是卖方都有盘活存货的需求。商业银行可基于货权（包括未来货权）的抵质押，为买方或卖方提供灵活的贸易金融服务。商业银行同时可跟与期货公司、商贸公司进行合作，通过套期保值并买断或卖断货权为买方或卖方提供库存管理等增值服务。

（六）报表美化

贸易金融的风险缓释方式非常丰富，且大多是基于商业银行等金融机构的信用。在此基础上，另一家商业银行可为企业（主要是卖方）提供相应的买断型融资服务，如票据贴现、保理预付款、福费廷、信保买断等，从而达到为客户美化财务报表等效果。

二、贸易金融业务的特征

贸易金融业务具有"短、频、快"等特点，是典型的自偿性业务。随着利率市场化、资本项目可兑换、人民币跨境使用等各项改革措施的推进，以及企业全球经营的步伐的加快和各种新生态的出现，贸易金融业务也逐渐呈现出一些新的特征。

（一）自偿性

贸易金融业务具有自偿性，贸易项下的回款一般就是贸易融资项下的还款来源，且贸易回款周期一般与贸易融资期限相匹配，其中应付账款项下融资还款来源于采购货物再次销售（或加工后销售）产生的回款，应收账款项下融资还款来源于销售货物产生的回款，均不完全依赖于企业自身生产经营效益。

（二）综合性

贸易金融业务的综合性很强，可解决企业贸易结算、资金融通、信用担保、风险管理、存货管理、报表优化等需求，涉及商业银行资产业务、负债业务、中间业务等各个领域。近年来，以供应链金融、大宗商品融资、跨境人民币业务为代表的新型贸易金融业务层出不穷，贸易金融业务的综合性进一步增强。

（三）创新性

随着监管要求、市场形势和客户需求的不断变化，商业银行在贸易金融领域的创新非常活跃，已成为一种"新常态"。贸易金融业务的创新主要体现在三个方面，一是通过代付、风险参与、协议融资等方式引入境外低成本资金，进一步降低商业银行筹资成本和企业融资成本；二是通过表外业务替代表内业务，腾挪出相应的贷款规模；三是通过结构性安排提供多样化的风险缓释措施，减少资本占用、提升业务收益。

（四）一体化

商业银行贸易金融业务表现出多个"一体化"的特点，包括"本币外币一体化"，商业银行统筹本币业务和外币业务，不再实行相对割裂的管理；"境内境外一体化"，商业银行充分发挥全球布局和代理行优势，通过境内外联动为企业及其境外交易对手提供综合服务；"线上线下一体化"，在传统线下业务的基础上，商业银行逐渐将贸易金融业务转移到线上，为企业搭配网络融资等产品。

（五）国际化

商业银行贸易金融业务的国际化表现在三个方面，一是跨境贸易项下的信用证、托收、保函、保理、福费廷等产品须遵循相应的国际惯例，国内监管部门制定的规则也参考借鉴了大量国际惯例的成熟做法；二是跨境人民币业务迅速发展，贸易项下收付款和融资业务为人民币跨境使用积累了大量宝贵经验，贸易金融业务见证了人民币国际化进程中的关键时点；三是商业银行海外布局加快，中资银行进军全球主要金融中心和新兴市场国家，国际化进程明显加快。

（六）精细化

贸易金融业务产品众多、功能丰富，为了更好地管理好该项业务，商业银行在精细化管理领域做了大量工作，比如，资本计量的精细化，建立贸易金融专门模型测算风险敞口与违约损失率，以节约资本占用；贷后管理的精细化，通过海关进出口数据、国际收支数据、税务数据、贸易融资数据等进行交叉比对，以"大数据"理念监测企业风险状况；前后台分离的精细化，设立单证中心等相对独立的部门，专门从事单据审核、报文发送等适合集约化操作的事项。

第三章
中国银行业贸易金融业务
热点与探索

第一节　蓬勃发展的供应链金融

随着经济全球化进程的加快，企业间的分工模式逐渐从"纵向一体化"向"横向一体化"改变。优质企业（即核心企业）在产品链中占据核心地位，掌握"微笑曲线"中价值回报最为丰厚的领域。核心企业专注于生产和研发等环节，采购和销售等环节依赖于其认可的上游供应商和下游经销商（统称为上下游企业）。众多上下游企业围绕一个或多个核心企业形成了一条完整的"供应链"闭环，货物流、资金流和信息流可实现在链条内部的循环。商业银行通过产品集成和业务创新可以给整条供应链提供配套的金融服务，供应链金融逐渐成为贸易金融业务的热点话题。

一、供应链金融的定义

目前供应链金融在银行界和学术界都没有统一的定义，业内对供应链金融有着不同的理解。通过对贸易金融业务规模较大的商业银行发布的公开资料进行整理，供应链金融的主流定义大致分为几类[①]。

（一）供应链金融是一种贸易金融产品组合

商业银行通过各种贸易金融产品搭配满足核心企业及上下游企业贸易各个阶段的融资需求。

[①] 根据中国银行业协会贸易金融委员会九家常委单位官方网站相关内容进行整理。

（二）供应链金融是一种行业综合解决方案

适用于核心企业供应链管理价值非常突出的行业，典型的应用行业包括家电、汽车、医药等行业。

（三）供应链金融是一种现金管理模式

通过核心企业与上下游企业间现金流的管理为链条上的企业提供相应的增值服务。

（四）供应链金融是一种授信方式

通过核心企业与上下游企业的信用捆绑，解决上下游企业担保不足、融资难等问题。

（五）供应链金融是一种网络融资

商业银行在线获得核心企业于上下游企业间的交易数据，基于大数据理念，运用互联网新技术，在线为链条上的上下游企业发放融资。

综上所述，各商业银行对供应链金融的理解不尽相同，但业务本质是相通的。概括起来讲，可以认为供应链金融是指商业银行给包括核心企业和上下游企业在内的整个链条上的企业提供金融服务，且商业银行可基于对货物流、资金流、信息流、商流的控制，为其提供较一般贸易金融业务更为灵活的产品搭配。

二、供应链金融的优势

供应链金融实现了贸易金融业务"由点到线"的转变，代表了未来贸易金融的重要发展方向，对商业银行而言其优势非常明显。

（一）批量拓展客户

对核心企业而言，供应链金融可助其稳定供销渠道，进一步提升市场竞争力；对上下游企业而言，供应链金融可解决融资难题，进一步壮大自身实力；对商业银行而言，把握住核心企业相当于把握住了整个供应链条。商业银行可以核心企业为切入点，通过提供供应链金融服务对上下游企业实行批量营销。

（二）解决融资难题

上下游企业作为核心企业的配套企业，一般规模较小、实力较弱、难以提供足额抵质押物，获得融资较为困难。供应链金融可有效解决该难题，通过核心企业与上下游企业的信用捆绑，商业银行可基于核心企业的信用，以应收账款和存货为风险缓释措施，为上下游企业提供配套的融资服务。

（三）有效控制风险

商业银行实现核心企业与上下游企业信用捆绑的方式主要是"三流合一"，即控制整个链条的货物流、资金流和信息流。掌控"三流合一"后，商业银行一方面对贸易背景真实性有了更好地把握，虚假贸易行为将会大幅得到遏制；另一方面可密切监测整个链条的运转情况，融资款项被挪用的可能性也大幅降低。在供应链金融项下，商业银行风险管控实现了"由点及线到面"，面临的企业信用风险也能得到有效控制。

（四）发展全球授信

随着"一带一路"等国家重大战略的实施，中资企业"走出去"的步伐在加快，境外融资特别是境外平台公司融资需求日益旺盛。跨境项下的供应链金融可作为全球授信的重要模式之一，以企业与其境外平台之间的贸易往来作为切入点，可有效解决该难题，契合了国家支持外贸稳定增长措施提出的"稳步将供应链融资延伸到境外"的要求。

三、供应链金融的模式

供应链金融主要是"N+1+N"模式，核心企业（"1"）向上游企业（"N"）采购原材料或相关零部件，产成品销往下游企业（"N"）。基于核心企业与上下游卫星企业之间的应收账款、应付账款和存货，结合贸易结算方式，为核心企业及其上下游企业提供在采购、生产、销售等各个环节的相关贸易金融产品。

以核心企业向上游企业采购为例，上游企业将商品／服务销售给核心企业，在核心企业确认未来付款的前提下，商业银行可为上游企业提供应收账款类融资。该融资项下第一还款来源为核心企业的未来付款，商业银行实质承担的是核心企业的信用风险，故商业银行可占用核心企业授信额度为上游企业提供融资服务。该种模式在航空、钢铁、汽车、造纸、医药、电子设备制造等行业应用广泛。

四、供应链金融的发展

供应链金融已成为贸易金融最重要的发展方向之一，其未来的市场发展空间非常广阔。随着客户需求、市场形势、IT技术等不断变化与升级，供应链金融未来发展也将呈现出新的特点。

（一）"一点对全国"

供应链条上的企业可能位于全国各地，商业银行在开展供应链金融业务时经常会面临异地授信的问题。为了解决异地授信的问题，同时防范多头授信，商业银行一般会通过主办行、协办行的方式来解决，但该模式沟通成本高的情况越来越突出。鉴于供应链金融风险管理的关键在于核心企业，有条件的商业银行可采取"一点对全国"的模式，即主要由核心企业所在地营业机构为整个链条上的核心企业与上下游企业提供相应的金融服务，上下游企业所在地营业机构进行配合与支持。海外布局较为完善的商业银行，还可充分发挥全球化经营优势，通过深化境内外联动，建立"一点对全球"的响应机制。

（二）电子化服务

随着互联网技术的不断进步，信息化建设对商业银行越来越重要。供应链金融项下的单笔业务发生较为频繁，不管是核心企业还是卫星企业，客观上存在通过网络直接进行融资的需求，即融资申请、材料审核、融资发放甚至贷后管理等均通过在线的方式实现。"互联网＋外贸"迅速崛起，跨境电子商务迅猛发展，这种需求也表现得越来越旺盛。商业银行可搭建相应的供应链金融平台，该平台通过与核心企业和卫星企业间的订单系统进行信息交互，抓取相应的交易信息、物流信息，在此基础上实现网络融资发放。

（三）综合化趋势

供应链金融的发展符合全球生产分工形态的变化，其必将呈现出综合化发展趋势。贸易金融业务是供应链金融的核心，同时还正在继续衍生出供应链管理、智能物流、产业链融资、电子商务、现金管理等各种综合化服务。

第二节　推进人民币国际化进程

一、2016 年跨境人民币贸易金融情况

2016 年，我国跨境人民币收付金额合计 9.85 亿元，其中，经常项目下跨境人民币收付金额合计 5.23 万亿元，同比下降 27.70%。货物贸

易收付金额 4.12 万亿元，服务贸易及其他经常项下收付金额 1.11 亿元。
资本项目下人民币收付金额合计 4.62 万亿元，同比下降 5.1%[①]。

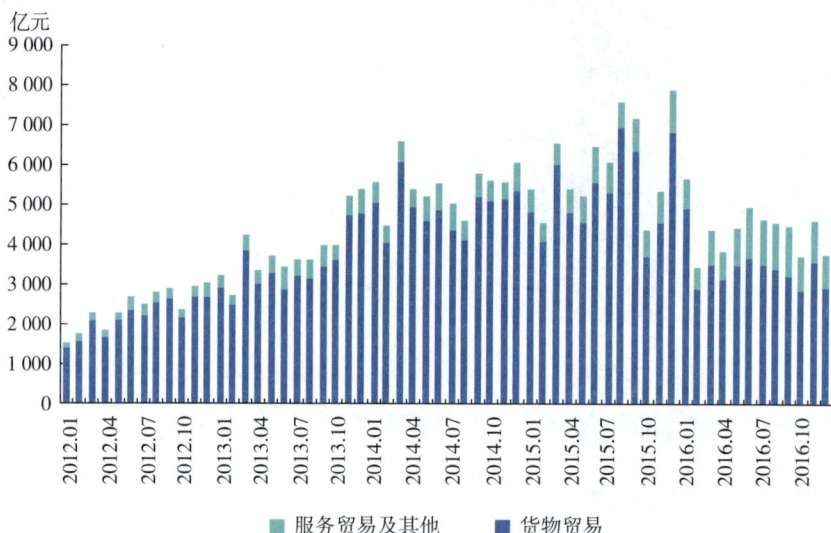

图3-1 2016年经常项目人民币收付金额按月情况[②]

二、人民币加入 SDR 货币篮子助推人民币国际化进程

（一）人民币加入 SDR 货币篮子意义重大

加入 SDR 货币篮子对人民币国际化具有里程碑式的意义。2015
年 11 月 30 日，国际货币基金组织（IMF）执董会决定将人民币纳入
特别提款权（SDR）货币篮子，2016 年 10 月 1 日，IMF 发表声明宣
布人民币加入 SDR 货币篮子生效，人民币正式在 SDR 货币篮子中占
有了一席之地。至此，SDR 货币篮子的币种正式扩大至美元、欧元、
人民币、日元和英镑 5 种货币，所占权重调整为 41.73%、30.93%、

---

① 数据来源：中国人民银行发布的《2016年第四季度货币政策执行报告》。
② 数据来源：中国人民银行发布的《2016年第四季度货币政策执行报告》。

10.92%、8.33% 和 8.09%[①]。同时，SDR 也将人民币汇率和 3 个月国债利率纳入汇率和利率的计算。

人民币加入 SDR 货币篮子，成为国际货币基金组织认可的外汇储备货币及 IMF 的交易货币，能实现全球经济和中国经济发展的"双赢"。对全球而言，是顺应了国际货币体系发展，促进国际货币体系的多元化，在全球金融风险多发的今天，有助于分散全球风险，提高国际货币体系的稳定性和韧性。对我国而言，人民币加入 SDR 货币篮子，是中国经济进一步融入全球金融体系，参与国际经济发展的重要一环。人民币入篮，一方面，能提升人民币在国际上的地位，增强国际市场对人民币的信心，提高人民币在国际收付中的接受度，便利境内企业和居民的跨境结算；另一方面，将增加国际市场增持人民币资产配置，提升各国对人民币储备的需求，为中国外汇市场带来长期、稳定的资本流入，改善外汇市场供求关系，稳定人民币汇率。

（二）推进产品、机制创新，扩大 SDR 使用

人民币正式加入 SDR 货币篮子，使得境外机构、特别是央行类机构对人民币资产的配置需求进一步增加，也对我国推进产品、机制创新，扩大 SDR 使用提出了更新、更高的要求。一方面，人民银行从 2016 年 4 月起发布以美元和 SDR 作为报告货币的外汇储备数据；另一方面，在债券市场上，2016 年 8 月，世界银行（国际复兴开发银行）在银行间债券市场成功发行首只以人民币结算的 SDR 债券，被市场称为"木兰债"。此举丰富了我国债券交易市场品种，促进我国债券市场开放，同时，也对增强国际货币体系的稳定性作出重要贡献。

---

① 数据来源：中国人民银行发布的《2016年第三季度货币政策执行报告》。

当然，人民币加入 SDR 货币篮子，只是人民币国际化进程中的一个环节，人民币能否真正实现国际化，成为主要国际货币之一，还是要取决于国际市场使用和持有人民币的实际情况，需要中国提升综合经济实力、贸易地位、币值稳定等多方面的能力。

第三节　应对"多变的"大宗商品市场

大宗商品市场风云多变。近年来，不仅大宗商品的市场价格经历了过山车式的波动，更重要的是，其市场格局也悄然发生着变化。外资银行撤离或大幅削减大宗商品业务规模，中资金融机构正在大宗商品领域蓄势布局；企业参与国内外期货及衍生品市场经验日趋成熟，风险管理能力日渐增强；我国大宗商品进口依存度一直不减，刚性需求持续旺盛，这一切对商业银行大宗商品融资业务的持续稳健发展既是机遇又是挑战。以下将谈几点关于开展大宗商品融资业务的思考：

一、建立全新授信理念

按照《巴塞尔新资本协议》的定义，商品融资是对储备、存货或在交易所交易应收的商品进行的结构性短期融资。商业银行需据此对商品融资构建新的评级模型和评价方法来计量借款人的违约风险。

借款人没有其他实质性资产，主要依靠商品销售收益偿还融资。这就要求商品融资的授信理念需显著区别于传统信贷业务基于借款人财务状况，并看重担保方式的评级授信思路。商品融资的评级反映的是该贷款自我清偿的特征以及贷款人组织这笔交易的能力，而不反映借款人的资信水平。

商品融资风险评价的侧重点在于商品的流动性和易损程度，交易控制和保值策略，以及贷款人对商品的控制能力。风险权重较低的商品融资，首先，需要银行选择具有公开报价、市场流动性强、不易损坏的大宗商品；其次，融资银行需要有商品交易经验和风控能力，能够针对融资商品制定有效的保值策略，并通过不同的渠道对商品进行保值，对冲市场风险；最后，整个融资过程，融资银行需能够在任何时点在法律上对商品具有控制权，采取投保方式分散商品可能被损害的风险。

二、创新结构性融资

针对大宗商品融资借款人欠佳的资信水平，商业银行需统一整合、管理商品交易中的商品流、信息流和资金流，通过结构化的设计对所承担的风险进行覆盖或转移，同时为客户提供个性化的大宗商品整体解决方案。大宗商品融资需具体分析基础交易，根据生产贸易企业的具体融资需求，通过货权质押、信托收据、保险及公证、货物监管、提货通知、货物回购、资金专户管理、期货保值等一系列结构化安排，产品组合来掌握货权、监控资金、规避风险。

近年，国内各商业银行从客户实需着手，不断创新产品结构，积极参与国际要素市场，探索推动大宗商品融资轻型化、标准化、衍生化的转型升级之路。比如，通过大宗商品类的动产质押，解决中小企业授信不足融资难、融资贵问题；创新仓单在线服务平台，实现标准仓单线上融资，将大宗商品融资注入金融科技元素，借助交易所的公信力、完善的平台服务体系及严格的交割仓库管理体系，为大宗商品生产经营企业提供量身定制的金融服务；推出大宗商品融资项下境内期货套期保值业务、大宗商品融资项下 OTC 代客套期保值业务，将期货及衍生品交易融入大宗商品融资，打通期现货交易通道，规避大宗商品市场价格风险，适当提高大宗商品质押率，为客户提供融资解决方案的同时，拓宽银行收入来源；研发并推动大宗商品买断式融资业务，借鉴国际同业较为成熟的商品回购业务模式，帮助客户盘活商品资产，优化流动性，提高财务表现。

三、商品融资专营成为趋势

商品的交易和融资是推动大宗商品业务发展的两个驱动轮，实现交易和融资的有机整合，才能更好地服务大宗商品产业链客户需求。以高盛为例，其商品融资业务模块与衍生品业务模块等，同属于交易部门。这种架构有利于条线的业绩考核，从客户服务角度来讲，更便于对客户整体服务方案的设计。欧美从事大宗商品业务的金融机构业务范围较广，融资业务包括了矿山等项目融资、贸易融资、大宗商品银团等，其在大宗商品领域的纵深方向发展离不开其行业专家对产业链的研究及趋势跟踪。

商品融资业务的开展需要有专业的队伍去研究市场、推进投行和商行产品的融合、创新服务。大宗商品融资的专业人员，不仅要熟悉实货贸易，也要明白期货及场外衍生交易；不但要了解商品，也要了解自己提供融资工具的特性，清楚自己设计的结构性融资工具是否可行。例如为铜加工企业提供融资，银行不但要了解铜精矿进口信用证的特征、结构、计价方式、国内电解铜需求和计价，还要会看伦敦金属交易所、纽约商业交易所和上海期货交易所的电解铜合约，关注价格走势并对跨市套利行情敏感，也要了解国内铜加工费及库存的变化情况等。另外，商品融资业务的发展还需要不断扩宽与第三方的合作渠道，比如期货公司、交易平台、仓储物流等，这些都需要资源投入深入研究，打通通道。

第四节　冲浪互联网金融

一、互联网金融的概念与特点

（一）互联网金融的定义

互联网金融就是互联网技术和金融功能的有机结合，依托大数据和云计算在开放的互联网平台上形成的功能化金融业态及其服务体系，包括基于网络平台的金融市场体系、金融服务体系、金融组织体系、金融产品体系以及互联网金融监管体系等，并具有普惠金融、平台金融、信息金融和碎片金融等相异于传统金融的金融模式。

（二）互联网金融的特点

1. 互联网金融成本低。

互联网金融模式下，资金供求双方可以通过网络平台自行完成信息甄别、匹配、定价和交易，无传统中介、无交易成本、无垄断利润。金融机构可以避免开设营业网点的资金投入和运营成本。消费者可以在开放透明的平台上快速找到适合自己的金融产品，削弱了信息不对称程度，更省时省力。

2. 互联网金融效率高。

互联网金融业务主要由计算机处理，操作流程完全标准化，客户不需要排队等候，业务处理速度更快，·用户体验更好。

3. 互联网金融覆盖广。

互联网金融模式下，客户能够突破时间和地域的约束，在互联网上寻找需要的金融资源，金融服务更直接，客户基础更广泛，有利于提升资源配置效率，促进实体经济发展。

二、互联网金融发展现状

（一）国外互联网金融发展现状

国外互联网金融发展较早也较为成熟，主要包括网络信贷、第三方支付、众筹、网络基金、供应链融资等金融产品：

1. 网络信贷。

网络信贷也称 P2P 网络借款，起源于英国，随后在美国、德国以至全世界范围内得到推广。2005 年 3 月，全球第一家 P2P 网贷平台 Zopa 在伦敦创办。

2. 第三方支付。

第三方支付起源于美国，目前在国际上最有影响的第三方支付平台是美国的 PayPal，它是 eBay 公司在 1998 年 12 月设立的全资子公司。PayPal 目前能为全球 190 多个国家和地区的 3 亿多客户提供安全便利的网上支付服务，并支持多达 24 种货币交易。

3. 众筹。

成立于 2009 年 4 月的 Kickstarter 是全球第一家众筹平台，它通过网络平台为有创造力的人向公众募集小额资金，将资金用在那些有创意的项目上。众筹模式在某种程度上可以说是对风险投资 VC 模式的一种很好的补充。

4. 网络基金。

网络基金比较出名的是 PayPal 的货币市场基金，该基金是于 1999 年设立。由于金融危机等因素的影响，于 2011 年 7 月 29 日被关闭。

5. 供应链融资。

亚马逊在 2012 年推出了名叫 "Amazon Lending" 的供应链融资项

目。PayPal 也在英国推出了针对 eBay 等平台上电商的融资服务。

（二）国内互联网金融发展现状

中国互联网金融发展历程要远短于美欧等发达经济体。截至目前，中国互联网金融大致可以分为三个发展阶段：第一个阶段是1990—2005 年的传统金融行业互联网化阶段；第二个阶段是 2005—2011 年前后的第三方支付蓬勃发展阶段；第三个阶段是 2011 年至今的互联网实质性金融业务发展阶段。近十年来，随着新互联网技术包括电子商务、社交网络、大数据、移动支付、云计算和搜索引擎的发展，新的互联网金融形式包括金融的互联网居间服务和互联网金融服务正在迅速发展。

三、我国互联网跨境金融服务模式

（一）网上金融

传统金融业务通过互联网技术对业务流程进行升级甚至重构，对服务模式进行完善优化，从而使得金融服务覆盖面更广、便利性更高、效率和安全得到更好的保障。主要产品包括：

1. 网上金融业务产品。

主要实现传统业务产品的线上化，从跨境金融角度看，主要包括网银汇款（外汇汇款 / 跨境人民币汇款）、网银托收、网银信用证（预约开立、修改、信用证通知等）。这类服务主要针对具有跨境金融服务需求的普通客户，通过在线业务发起，提高业务效率，提升服务质量。

2. 银企直联业务产品。

主要通过与客户的专线直联，实现客户服务的线上化。从跨境金融角度看，主要包括银企直联汇款（外汇汇款/跨境人民币汇款）、银企直联托收、银企直联信用证。这类服务主要针对具有跨境金融服务需求的大企业集团，通过在线业务发起，实时数据接收/反馈，能够为大客户提供个性化的跨境金融服务，使银企关系达到一个新的高度。

（二）跨境电子商务

跨境电子商务是指分属不同关境的交易主体，通过电子商务平台达成交易、进行支付结算，并通过跨境物流送达商品、完成交易的一种国际商业活动。主要包括：

1.银行+第三方支付机构模式。

即银行通过与第三方支付机构合作，为跨境电商交易提供自动化、批量化的收付汇、结售汇、国际收支申报数据报送等跨境支付清算服务。

2.银行+跨境电商直联模式。

目前，非银行跨境电商平台根据交易主体不同可分为B2B、B2C、C2C三大类，按商品流向可分为进口和出口两类。银行一是实现向海关报送支付信息，满足海关"三单合一"的要求；二是为跨境电商提供收付汇、结售汇、国际收支申报数据报送等跨境支付清算服务。

3.银行自建跨境电商平台模式。

即银行自己搭建跨境电商平台来为跨境交易客户提供支付清算、供应链管理、贸易融资等一体化跨境金融服务。

（三）线上融资

线上融资使得资金需求和供给双方在互联网上完成资金融通，

是金融脱媒的重要推手，主要包括：

1.传统融资产品的线上化。

从跨境金融领域看，传统的进出口融资产品（进出口押汇、打包贷款等）均可以通过在线业务发起，审批并放款，实现整个融资业务的线上化，提高业务处理效率，提升客户体验。

2.基于大数据的线上融资。

指通过分析和挖掘客户上下游的交易和物流信息，全方位了解客户经营情况，并根据数据分析的结果为客户在线办理贸易融资业务，从而为客户提供一体化跨境金融服务。

四、互联网金融对商业银行的影响

（一）冲击商业银行传统盈利模式

目前我国传统商业银行的盈利来源最主要是信贷业务，而信贷业务的收益主要来源于息差收益，而互联网金融的快速发展已经开始威胁到了商业银行的息差收入。在互联网金融环境下，中小客户通过互联网金融平台找到了能够满足自身金融需求的机会，而这种低成本的金融模式能够吸引原先沉淀在商业银行的低成本资金，从而给商业银行带来了巨大的压力。此外，互联网借贷的发展壮大也与商业银行在对个人或小微企业贷款领域形成了一定的竞争，互联网借贷模式的发展满足了那些被商业银行所不重视的小微客户的金融需求。互联网金融平台利用大数据技术能够发现并细分目标客户，大幅降低营销成本，对传统商业银行的营销模式形成冲击。

（二）挑战商业银行传统金融中介服务模式

信息技术的飞速发展从根本上变革了信息的传递方式，困扰金融行业的信息不对称和高昂的融资成本问题通过互联网金融能够有效地解决。这在相当程度上弱化了传统商业银行的金融中介功能。在互联网金融模式下，信息流动阻力小，借贷双方可以通过搜索引擎技术将资金供需按照自身需要的方式进行排列，并且在定价过程中使用了云计算、大数据等技术进行最终贷款价格的确定，这对于商业银行融资中介服务的需求也起到了一定的分流作用。

（三）影响商业银行传统客户服务模式

互联网金融服务蕴含着巨大的市场空间，商业银行可以利用互联网金融模式的优势，创造出既符合商业银行发展要求，又符合市场需求的新型服务模式。此外，中小企业以及个人客户对于多样性和个性化的服务更为感兴趣，而互联网金融模式更有助于满足这样的客户的需求。如果传统商业银行能够改变其传统服务模式，利用互联网金融模式完成其价值的实现，那么传统商业银行不但可以大幅降低服务成本，还可以更加便捷有效地对客户进行服务。

五、互联网金融环境下商业银行转型的策略

当前，我国经济发展正在进入"新常态"，金融市场改革逐步深化，金融脱媒正不断加剧，利率市场化仍处于渐进过程中，这一切，使得传统商业银行主要依靠借贷利差维系经营运作的盈利模式已经不能保持其竞争力。新兴的互联网金融模式所展现出的差异性优势，已经"倒逼"商业银行改革，促使商业银行的经营模式进行转型。

（一）用互联网精神变革经营理念

在经营理念上，商业银行应不仅仅关注金融产品，更应在乎客户需求，凭借其较高的安全性、强大的风险管控能力、完善的信用

体系来保障银行传统业务的服务质量，提高商业银行的竞争能力。在经营模式上，要将传统的线下渠道与线上渠道相结合，实现优势互补，近几年来，伴随着信息技术的广泛应用，手机银行、短信服务、微信银行等多种新型业务的推出使得银行的服务系统更加完善。

（二）不断推出个性化产品与服务

互联网金融之所以能够发展的风生水起，最主要的原因就在于其较于传统金融模式更为民主的普惠金融模式。商业银行作为金融产品创新最大的利益相关者，理应对互联网金融的发展高度重视，客户的个性化需求也是互联网技术创新的一个重要方向，银行设计金融产品时更应考虑到客户多样的个性需求。紧紧围绕客户的线上线下需求优化其推出的线上平台与产品。

（三）着力加强风险管控能力的建设

为保障商业银行的互联网金融业务创新的顺利进行，科学有效的监控手段和风险管控方法是必不可少的。商业银行要在体制机制建设上进行加强，在信息系统的风险防范和处理制度、业务进行中的权力限制制度、内部控制制度、风险预警制度等方面实现确切的规定。要建立起能够保证商业银行互联网金融业务健康顺利发展的强大信息系统，建立统一的数据库，为风险计量系统的开发和风险管理系统的使用提供最有效的数据。

（四）积极培养和引入跨界高端人才

互联网金融与传统商业银行的竞争说到底也是人才的竞争，互联网金融的快速发展离不开高端专业人才的贡献。商业银行若想发展互联网金融，在互联网的大环境下进行金融创新，进行经营战略的转型，就必须组成专业的研发组织，组建深谙互联网商业模式、信息技术、电子商务、移动互联网、网络营销等知识技能的专业团队，从而对商业银行的互联网经营模式的转型以及创新做出完整的规划，并提供各类支持服务。

第五节　乘着"一带一路"东风远航

"一带一路"建设，是党中央在新常态下构建开放型经济新体制、打造全方位对外开放格局的重大战略部署。推进"一带一路"建设，必须要在国家总体战略布局下，实现投资与贸易的双轮驱动、协调发展。从投资看，随着我国企业"走出去"的不断深化以及各类重大投资项目的逐步落地实施，我国对"一带一路"沿线国家投资有望取得较为丰硕的早期收获。从贸易看，我国与沿线国家贸易尽管呈现较快发展势头，但因受制于诸多发展瓶颈，贸易不平衡、结构不合理等问题较为突出，双边贸易水平的进一步提升存在较大难度。商业银行作为金融支持经济发展的主渠道，要充分担当社会责任，发挥专业优势，全力打造支持"一带一路"经贸往来的金融大动脉。

一、"一带一路"战略为推动贸易金融服务优化升级提供机遇

"一带一路"战略的实施向世界展示了中国打造一个开放经济体制平台、积极投身世界经济格局的决心。商业银行作为金融支持实体经济发展的主渠道，将通过优化升级贸易金融服务为"一带一路"建设提供有力支持。

（一）快速增长的双边贸易需要金融服务支持

"一带一路"沿线国家（以下简称沿线国家）既是我国重要的货物出口目的地，也是进口来源地。2015 年，我国与沿线国家双边

贸易总额达 6.2 万亿元人民币，在同期我国进出口总额的占比超过 1/4。双边经贸合作的不断深化，对贸易便利化水平提出更高要求。商业银行通过贸易金融产品，为我国与沿线国家企业提供资金汇划、贸易融资、信用增强等服务，实现境内外市场互联互通、相互促进、物流倍增的效应。

（二）日益频繁的直接投资亟待跨境金融助力

2015 年我国企业共对"一带一路"相关的 49 个国家进行了直接投资，金额合计 148.2 亿美元，同比增长 18.2%，占我国非金融类对外直接投资总额的 12.6%。但沿线国家面临基础设施薄弱、建设资金缺乏等问题，这就迫切需要发挥金融机构募集和再分配资金方面的作用，为当地提供投融资服务，提升沿线国家增长潜力。

（三）人民币国际化成为深化双边金融合作的关键内容

近些年全球金融市场持续波动，并对实体经济产生影响。人民币的跨境使用为中国与沿线各国的企业开展贸易和投资提供了分散风险、提高效率的新选择，更有助于沿线国家多元化储备资产、优化投资结构。2015 年末，人民币已经被国际货币基金组织（IMF）纳入特别提款权（SDR）货币篮子，未来人民币国际化将在我国与沿线各国优化贸易金融服务、深化金融合作进程中扮演着更为重要的角色。

二、抓住机遇，开拓创新，在"一带一路"战略实施中实现贸易金融业务的升级发展

商业银行是服务"一带一路"战略的金融主力军，应当紧跟"一带一路"战略实施进程，通过更加优质的跨境金融服务为"一带一路"

建设提供有力支持。

（一）深化贸易金融服务创新，支持贸易自由化和投资便利化

随着 "一带一路"建设的不断深入，我国与沿线国家的贸易自由化和投资便利化程度不断提高，商业银行能够更加深入地参与"一带一路"建设，更加有针对性地为沿线国家企业提供包括贸易结算、贸易融资、信用担保、避险保值、财务管理等全流程的跨境金融服务；为企业参与"一带一路"经贸合作提供涵盖采购、生产、销售等各环节的全球供应链金融解决方案；加强对区域通关一体化改革等便利措施的分析研究，充分发挥关税保函、海关保函等银行担保业务对提升贸易自由化和投资便利化水平的重要作用。

（二）深化多边金融合作，支持"一带一路"基础设施建设

基础设施互联互通是"一带一路"建设的优先领域，也是我国"走出去"企业对外投资的重要内容。考虑到基础设施投资规模大、期限长、回报低等特点，商业银行应当努力拓展新的融资渠道，积极探索与亚投行、丝路基金等政策性多边金融机构合作的新思路与新模式；不断深化与信用保险公司、进出口银行等政策性金融机构的业务合作，充分发挥政策性金融担保作用；通过国际并购贷款、项目贷款、贸易金融等投融资产品的组合运用，为我国"走出去"企业和沿线国家的优质企业提供多样化融资支持。

（三）扩大人民币使用，助力人民币国际化进程

中国银行在 2015 年开展了针对全球企业客户的调研，其中特别调研了"一带一路"沿线企业对人民币的认知和使用。结果显示，"一带一路"沿线国家企业对人民币的态度积极，但服务的便利性相对不足。因此，我国的商业银行应加快开发人民币跨境贸易与投融资

产品，满足境内外企业多样化的金融需求；特别是针对中国与沿线国家双边贸易中大宗商品、资源性商品比重较高的特质，推出大宗商品人民币结算、清算、融资、套期保值、账户服务等一系列服务；积极推进人民币与沿线国家货币的报价和直接交易，促成双边本币合作；针对主权机构研发人民币投资产品，以沿线国家为突破口，推动人民币成为国际储备货币。

在此方面，中国银行进行了探索和研究。2015 年，中国银行向全球发布"一带一路"人民币汇率指数及系列子指数，这是全球金融市场上首个跟踪人民币与"一带一路"地区有效汇率变动的综合性指数。

随着中国与"一带一路"国家双边经济交流增多，汇率既是"一带一路"国家的关注要点，也是中国企业"走出去"经济成本的构成因素之一。中国银行"一带一路"人民币汇率指数力求真实客观地反映人民币对"一带一路"国家货币币值的整体变动趋势，该指数关注人民币与"一带一路"地区货币的汇率变动，一方面，能够体现人民币国际化的大趋势；另一方面，也将推动人民币与"一带一路"沿线国家货币直接结算和交易，通过对指数的跟踪反馈，中国企业可以及时把握这些地区的汇率市场趋势，提前采取保值锁定措施，降低非经营风险。对于那些在"一带一路"国家广泛拓展业务的企业，更可采取组合对冲策略，一揽子锁定汇率风险，提高效率，节约成本。

（四）加快商业银行国际化进程，提升全球服务能力

无论是企业的"走出去"，还是人民币"走出去"，都离不开金融机构的服务支持。境外各类主体也急需当地商业银行提供高效、便捷、多样化的金融服务。下一步我国的商业银行可以考虑结合双边经贸特点，以我国在各区域重点贸易伙伴国为优先目标，不断完

善机构网络布局，强化与沿线国家主流银行合作，优化同业授信及互委业务关系，以优质、易于获取的贸易金融服务助力"一带一路"建设。

第六节　自由贸易区及特殊政策区域：贸金业务发展新机遇

构建开放型经济新体制是全面深化改革的重要一环，在新常态下构建开放型经济新体制涉及多方面内容任务，如在国际经济合作方面要推进"一带一路"建设、深化多层次区域经济合作，在产业升级转型方面要以开放促转型、推动制造业升级转型、加快现代服务业开放，在规则体系建设方面亟须对接高标准国际贸易投资新规则、抢占国际金融经济话语权等。

上海、广东、福建、天津四地自贸区作为综合改革试验田，功能布局上均实现了现代服务业、先进制造业、金融服务和区域合作发展全覆盖，均强调制度创新为核心、贯彻协同"一带一路"战略，均提出推动政府职能转变、促进贸易转型升级、实现投资开放便利、加快金融开放创新、深化区域经济合作等六大改革方向，紧扣国家构建开放型经济新体制的任务主题。自贸区的建立，对商业银行发展贸易金融业务也将产生重要促进作用。

一、自贸区及特殊政策区域金融改革创新各有特色

（一）前两批自贸区

扩大人民币跨境使用、深化外汇管理改革、推动利率市场化、

探索人民币资本项目可兑换均是自贸区金融改革的重要方面。围绕实体经济需要是金融改革创新原则要求，上海、广东、福建、天津四地自贸区在改革破题方向、发展重点各有侧重，并成为当地政府寄予的打造带动当地经济发展的新高地、现代产业聚集地和要素交易中心。

1. 上海自贸区：探索资本项目可兑换助力国际金融中心建设。人民币资本项目可兑换是实现人民国际化、更深层次融入全球化的关键一环，也是上海国际金融中心建设重要内容。上海自贸区为探索资本项目可兑换开辟了有效渠道，上海自贸区通过分账核算创新自由贸易账户体系，实现账户体系内资金流动"一线宏观审慎，二线有限渗透"，近期又依托自由贸易账户体系在本外币一体化的规则下全面放开境外融资，率先建立资本账户可兑换的路径和管理方式。未来，伴随各类投融资汇兑政策后续出台和自贸区贸易账户体系二线渗透管道的逐步放宽，资本项目可兑换有望稳步实现。

2. 广东自贸区：打通粤港澳跨境资金渠道支持服务贸易自由化。为促进粤港澳服务贸易自由化，广东自贸区在政策设计上从机构、资金、市场三个维度深化金融改革创新：在机构准入方面，大大放宽对港澳在自贸区设立金融机构限制，牌照涵盖银行、保险、租赁、基金和第三方支付、典当、兑换特许、商业保理等类金融机构；在资金跨境流动方面，推动自贸区与港澳人民双向融资、探索区内企业香港发行股票、放宽跨境双向发债、粤港澳金融机构跨境人民币信贷资产转让等资本项目可兑换新途径；在市场建设方面，探索跨境金融资产交易，设立面向港澳的新型要素平台。

3. 天津自贸区：以融资租赁业发展带动制造业升级。融资租赁作为本身具有融资服务和贸易服务的两种市场功能，对扶持装备制造设备出口、引进国外先进生产线和转移过剩产能具有重要作用。天津自贸区将融资租赁业务发展作为带动先进制造业发展、促进产业升级的重要手段，在设立中国金融租赁登记流转平台、支持设立租赁专业子公司和项目公司、允许融资租赁企业开展保理和福费廷业务、支持租赁业境外融资等方面出台多项政策红利，巩固天津在全国租赁业领先地位，并以此带动制造业和贸易转型升级。

4. 福建自贸区：以深化两岸金融合作驱动两岸经贸融合发展。福建自贸区侧重于推动两岸金融先行先试，以此更好地服务于两岸产业融合，具体体现在：一是扩大金融业对台资开放，支持设立两岸合资银行，放宽台资金融机构参股证券基金机构股权比例限制，对区内台资金融机构实施外债管理优惠；二是促进自贸区内金融机构与台湾金融市场资金融通，允许区内金融机构与台湾同业开展跨境人民币借款，支持台湾地区银行向区内发放跨境人民币贷款，允许区内银行开展投资于台湾金融产品的代客境外理财业务等。

（二）第三批自贸区

2016 年 8 月 31 日，商务部部长高虎城在接受新华社采访时表示，党中央、国务院决定在辽宁省、浙江省、河南省、湖北省、重庆市、四川省、陕西省新设立七个自贸试验区。

第三批自贸区将在前两批自贸区改革试验基础上，围绕制度创新核心，对接高标准国际经贸规则，推动全面深化改革扩大开放。七个自贸区各有特色、各有侧重，除浙江自贸区主要围绕促进舟山自由贸易港区油品全产业链发展开展配套改革外，其他自贸区改革综合性强、覆盖范围广，涵盖贸易、投资、金融、政府职能改革等领域；并且新设自贸区中五个位于中西部内陆，立足于内陆开放创新、带动西部开发成为第三批自贸区特点。具体如下：

1. 辽宁自贸区：主要落实中央关于加快市场取向体制机制改革、推动结构调整的要求，着力打造提升东北老工业基地发展整体竞争力和对外开放水平的新引擎。贸易金融业务可能面临的机会包括：放宽投融资政策、税收优惠等带动装备制造业发展，进而提升贸易结算与融资水平；大连商品交易所交易品种增多、交易量更为活跃，带来的银行资金清算、大宗商品融资业务机会。

2. 浙江自贸区：主要落实中央关于"探索建设舟山自由贸易港区"的要求，就推动大宗商品贸易自由化，提升大宗商品全球配置能力进行探索。商业银行可提供对油品全产业链的融资服务、航运相关保函、结算和融资服务。

3. 河南自贸区：主要是落实中央关于加快建设贯通南北、连接东西的现代立体交通体系和现代物流体系的要求，着力建设服务于"一带一路"建设的现代综合交通枢纽。郑州商品交易所大宗商品交易、现代物流业的发展等将为商业银行带来大宗商品交易结算、与物流行业合作提供贸易融资等业务机会。

4. 湖北自贸区：主要是落实中央关于中部地区有序承接产业转移、建设一批战略性新兴产业和高技术产业基地的要求，发挥其在实施中部崛起战略和推进长江经济带建设中的示范作用。未来政府可能加强对科创产业投融资支持，构建政府资金与社会资金、债权资金与股权资金、间接融资与直接融资有机结合的科技投融资体系，拓宽运用海外资金支持高新技术产业发展渠道；金融支持长江航运中心效能，扩大航运物流业对外资开放等也将为商业银行开办相关融资业务提供机遇。

5. 重庆自贸区：主要是落实中央关于发挥重庆战略支点和连接点重要作用、加大西部地区门户城市开放力度的要求，带动西部大开发战略深入实施。这将强化跨国公司总部结算、跨境电子商务结算等金融结算需求，推动跨境电商结算融资便利化。

6. 四川自贸区：主要是落实中央关于加大西部地区门户城市开放力度以及建设内陆开放战略支撑带的要求，打造内陆开放型经济高地，实现内陆与沿海沿边沿江协同开放。这样的背景下，高端制造、军民融合和科技创新行业将获得快速发展，此外，围绕蓉欧国际铁路运输开展保税仓质押融资等物流金融服务也将有可能获得发展空间。

7. 陕西自贸区：主要是落实中央关于更好发挥"一带一路"建设对西部大开发带动作用、加大西部地区门户城市开放力度的要求，打造内陆型改革开放新高地，探索内陆与"一带一路"沿线国家经济合作和人文交流新模式。

（三）其他特殊政策区域

1. 新疆中哈霍尔果斯国际边境合作中心：2013 年 8 月，人民银行乌鲁木齐中心支行出台的《中哈霍尔果斯国际边境合作中心跨境人民币创新业务试点管理办法》。合作中心内商业银行可为"走出去"机构开立人民币 NRA 账户，办理人民币现金缴存、支取、定期存款业务，人民币境外直接融资业务，为"走出去"企业提供跨境结算、境外融资、海外发债等金融服务。人民银行乌鲁木齐中心支行在前期试点基础上，2015 年 7 月，出台了《跨境人民币创新业务试点管理办法实施细则》，进一步明确了银行设立在合作中心的分支机构，可面向境外企业、境外个人、境外银行及合作中心中方区注册中资企业，开办各项离岸人民币业务。人民银行乌鲁木齐中心支行在 2016 年出台《关于进一步做好中哈霍尔果斯国际边境合作中心跨境人民币创新业务的通知》，进一步明确合作中心内主体可以开展"创新离岸人民币业务"和"跨境人民币业务",以上两类业务统称为"跨境人民币创新业务"。银行应单独设立"跨境人民币创新业务核算系统",建立与国内核算体系相隔离的核算体系,办理"创新离岸人民币业务"和"跨境人民币业务",相关资产负债表、损益表直接并入集团。

2. 云南、广西沿边金融综合改革试验区:支持银行开立境外机构人民币结算账户,办理跨境人民币国际结算业务;将人民币与非主要国际储备货币的特许兑换业务范围扩大到贸易、资本项下及提高相应兑换额度;支持与东盟和南亚国家人民币投融资合作;推动人民币与周边国家货币的银行间市场区域交易; 探索东盟和南亚国家与试验区开展人民币双向贷款试点;探索境外人民币以贷款方式投资试验区重要产业项目等。

3. 苏州、昆山、青岛、郑州等地:2012年12月以来,经国务院批准,陆续在深圳前海、江苏昆山、苏州工业园区、青岛、郑州等地开展境外人民币借款、个人经常项下跨境人民币业务等创新业务试点。这些政策逐步扩大了境内外人民币资金统筹使用的自主性和灵活性,有效带动了当地跨境人民币结算业务发展,引发各试验区内金融机构对深化跨境人民币业务、促进离岸人民币市场建设的关注,为企业拓展贸易投资活动空间提供了新机会。

二、商业银行应勇当自贸区改革试验的金融服务主力军

自贸区改革试验肩负为全面深化改革和扩大开放探索新途径的重要使命,作为金融服务实体经济的主力军,商业银行应勇于践行国家战略,积极担当社会责任,致力于四个"坚持",切实服务自贸区改革试验进程。

（一）坚持金融服务实体经济

商业银行应将支持贸易投资等实体经济发展作为自贸区金融服务的核心，深入研究贸易、投资便利化政策，把握相关制度创新对企业跨境经营便利化影响，通过专业化政策推介、专业化服务方案设计，积极引导各类客户充分把握自贸区政策红利便利其跨境经营，满足其多样化金融服务需求。同时，商业银行金融服务和金融创新应自觉避免脱离实体经济运营，通过加强内控体系建设、倡导行业自律等形式主动完善自贸区风险防控体系，协助加强自贸区金融监管，共筑坚实风险防火墙。

（二）坚持跨境金融创新驱动

当前，全球跨境贸易投资发展呈现新趋势，一方面全球产业内分工持续深化，资金、货物、服务等要素跨境流动更加频繁，服务外包与服务贸易迅猛发展；另一方面信息技术发展助推经销环节扁平化，直接面向终端消费者的跨境电子商务发展迅速。为顺应和促进这一趋势，在总体方案中，四地自贸区均注重推动跨境资金融通便利化，均注重促进服务业开放与服务贸易自由化，均注重培育跨境电子商务等新型贸易形态。商业银行应将自贸区作为顺应这一趋势、加快跨境金融创新的练兵场，一方面要推动全球供应链金融、全球现金管理等交易银行业务创新，完善服务贸易、科技创新项下金融服务产品体系；另一方面要适应互联网跨境金融服务发展，完善在线跨境服务渠道，丰富网络跨境金融产品，加强跨境交易数据挖掘，深化与第三方跨境支付机构合作，构建互联网跨境金融服务体系。

（三）坚持四地业务协调发展

四地自贸区实行统一框架下的差异化发展策略，四地自贸区在行政审批、投资管理、金融创新、海关监管、贸易促进等领域制度创新方面保持较强的一致性，同时在发展定位、产业导向、具体政策安排等方面体现特色，既确保全国自贸区政策导向一致、又激发各地活力。与此相适应，商业银行要树立全局思维，点面结合，做到四地自贸区业务协调发展一盘棋：既要注重统筹整合，四地自贸区业务体系建设、客户拓展政策、产品方案创新、品牌形象推广等方面要步调一致，四地自贸区分行在业务拓展中加强协同与联动，充分发挥整体合力，避免各自为政、相互竞争；又要善于因地制宜，结合当地自贸区市场实际，用好差异化政策安排，推动特色产品创新。此外，积极发挥自贸区联通境内和海外市场的独特优势，深化四地自贸区分行与其他境内外机构的业务联动，以点带面，提高集团整体客户拓展能力、业务模式创新和跨境金融服务水平。

（四）坚持深化自身转型变革

营造国际化、市场化、法治化的营商环境是四地自贸区改革试验的重要目标，利率汇率市场化、资本项目可兑换等也将在自贸区内率先实现，商业银行的资产负债管理、营销机制、产品创新、风险管理等经营管理面临的环境和管理工具都将发生深刻变化，更为重要的是，这一变化将成为未来全国制度环境变革的预演。商业银行应将自贸区作为自身业务结构转型与经营管理体系改革的试验平台，全面推动自身管理机制的优化与改革，在未来转型变革中抢占先机。

第四章

风险控制及业务管理

商业银行是经营风险的机构，贸易金融业务在开展过程中，面临多方面风险，大致可分为信用风险、市场风险、国别风险、合规及法律风险、操作风险。从风险管控的角度看，贸易金融业务具有服务对象特定、资金自偿性、风险资本低消耗、收入来源多样性、专业化服务要求较高等特点，贸易金融风险管理应注意加强专业化队伍建设、统一管理与差别对待相结合、综合运用风险缓释工具、实施贸易金融资金封闭管理等原则。

第一节　信用风险

贸易金融在业务开展过程中最主要的风险是信用风险。按照中国银行业协会制定的《中国银行业贸易金融业务指引》，贸易金融业务的内涵包括与跨境交易或国内贸易相关的结算、融资、担保等基础服务，与保值避险、资金及财务管理相关的增值服务及其他综合服务方案，其中的开立信用证、开立保函、贸易融资以及外汇资金业务属于授信业务，面临信用风险。

一、贸易金融信用风险概念与分类

信用风险是指贸易金融业务中承担付款责任的公司或同业客户因种种原因，不愿或无力履行付款责任而致使银行发生损失的风险。在贸易金融业务中，因银行对信用信息缺乏实时动态管理、跟踪和监控，导致银行与银行之间、银行与企业之间因信息不对称而产生信用风险，包括银行信用风险和商业信用风险。银行信用风险主要是承担付款责任的银行面临资信情况变动导致的资金支付风险。商业信用风险主要是买卖双方因经营不善或其他原因不愿支付货款或偿还融资资金的风险。

银行信用风险的控制属于同业风险管控范畴，目前在各商业银行实践中，主要通过银行评级信息、银行财务指标、银行遵守国际惯例情况等对银行资信状况做出评判，基于此形成对银行的同业授信额度。同业授信额度是银行信用风险管理的主要手段，除此之外，主要是关注银行资信变化以及所在国家或地区的风险。因此，银行信用风险与国家风险密不可分。在业务实践中，鲜有因为银行信用风险导致贸易金融业务损失的情况，即便涉及信用证纠纷等问题，其主要原因也可归结于基础贸易欺诈或不同银行对于国际惯例认识的分歧，前者实质上属于商业信用风险范畴，后者则属于合规及法律风险范畴。

二、贸易金融信用风险特点

贸易金融授信业务具有自偿性、期限短、金额小的特点，相对于流动资金贷款等其他对公授信业务而言，贸易金融授信业务信用风险较低。如出口押汇等应收款融资，货物已经装运发送，其还款来源为境外收汇款项，特别是在信用证项下，境外开证行承担付款责任，融资偿还具有较大的确定性。还有很多产品如福费廷、外保内贷等，其产品性质本身为低风险业务。因此，在把握贸易背景真实性的基础上，贸易金融授信业务信用风险相对较小。

与此对应，贸易金融授信业务的较小信用风险要求从业人员较高的专业化水平。贸易金融授信业务受《跟单信用证统一惯例》（UCP600）、《见索即付保函统一惯例》（URDG758）等多项国际惯例规范，也受《国内信用证管理办法》等国内规章的管理，还受外汇管理、跨境人民币政策等监管规定的约束，在产品结构设计上也较为复杂，往往需要结算、融资、交易等多项产品组合，某些产品还涉及与金融同业的合作，如信保融资业务。对贸易金融授信业务风险的有效管控需要银行从业人员提高风险意识和专业技能，将银行各项规章制度内化于业务操作中。要做好信用风险防控，在办理贸易金融授信业务的过程中，除了对企业资信的调查外，还需重点把握两方面的内容：一是要遵照"了解你的客户"（KYC）、"了解你的业务"（KYB）、"尽职审查"（CDD）的"展业三原则"，把握业务的贸易背景；二是要严格遵守国际惯例、监管政策、规章制度。

三、贸易金融信用风险管控要点

贸易金融业务风险管理要点在遵循主要风险管理原则基础上，综合贸易金融业务特点及客户资信情况、市场运行情况等实施风险防控，重点加强贸易背景真实性审核、确保融资期限与实际用途相匹配，落实抵质押物价值合理评估，确保业务风险管理可控，主要内容包括以下方面：

（一）购货方付款风险的审查

通过了解购货方的生产经营和财务情况，判断购货方的付款能力，并审查购销双方既往合作情况，销售回款记录是否良好，近两年有无重大贸易纠纷，以判断双方订单项下基础交易货款回款的真实性和可靠性。

（二）销货方的履约风险审查

银行应重点关注贸易金融基础交易所涉商品是否为申请人的主营产品，以往该产品项下订单能否按期保质交付，申请人现有订单总量是否与其生产能力相匹配，综合判断申请人能否在规定的期限内按期履约发货并交单。

（三）质押物监管资质的审查

银行应审查监管公司是否在核准的物流监管公司或区域物流监管公司名单内，在输出监管模式下，尤其要防范因融资过程中客户生产经营发生严重恶化，导致员工和债权人哄抢商品或企业无视监管强行出货的风险。发现风险隐患时，应设法变更监管模式或要求提前收回银行融资。

（四）资金挪用风险的跟踪

银行要控制贸易金融融资金额，审查应结合申请人与上下游供应商签订的购销合同，加强关联交易审查，合理确定融资金额，防止过度融资。同时要跟踪融资用途，融资用途必须与相应结算方式项下销售商品相匹配，用于向供应商购买原料以组织生产和备货。

（五）交易欺诈风险的防范

银行应重点审核购销合同、应收账款发票和购货方验货证明等资料的真实性，必要时还应索取出库单、发货单、提货单等单据，对业务期限与销售回款期予以比对，辅助判断本笔交易和应收账款的真实性。

（六）担保抵押物的有效管理

银行应重点关注商品取得的合法有效性，严格审查商品的购销合同和付款凭证，对国内采购商品应重点关注增值税发票、对进口商品应重点审核海关报关单及缴税证明等文件；核实借款人未将商品转让给任何第三人，也未在商品上为任何第三人设定质权和其他优先受偿权。质押情况下，商业银行应避免质押物与自身货物混同情况的发生。

第二节　市场风险

一、贸易金融市场风险概念与分类

（一）商品价格风险

相较国内贸易，商品价格风险在国际贸易中更为常见。在国际贸易中，从合同签订到合同履行、完成交货的时间较长，在此期间，商品价格可能产生较大波动，均将影响企业的实际收付，进而影响企业的融资成本、进口增值税及关税等。而国内贸易中，如果买卖标的是以外币计价商品时，也将同时受到商品价格波动的影响，例如原油价格参考 ICP 印尼原油价格指标以美元计价，对于国内有采购原油需求的企业，从签订合同到确定价格往往需要数周时间，在此期间国际原油价格如果大涨，其采购成本将大幅上升。

商品价格波动造成的市场风险主要体现在两个方面：一是在商品价格上升期，企业倾向于增加采购和库存，但在价格下跌时，市场追涨杀跌，销售困难，买方购货方支付意愿下降，已销售货物回款不畅；二是抵质押商品担保价值下降，可能造成银行资产受到损失。从产品类型上看，前者主要是进口贸易融资如开立信用证、进口押汇等，同时也包括国内买方贸易融资如开立国内证等；后者主要是仓单融资、货押融资。商品价格波动造成的市场风险集中于贸易金融业务中的大宗商品融资业务。

商品价格的变动还会导致供需变动，如果一国的货币大幅贬值，而标的商品价格大幅增加，可能导致订单急剧下滑甚至违约，出口企业可能因此没有销路，无法偿还银行贷款，严重的甚至可能引发倒闭的风险。而对于出口对象单一的企业，可能面临进口方更换交易对手，或者以更换交易对手为借口迫使出口企业降低报价的情况，造成利润来源切断或者利润大幅下滑的局面。

（二）汇率风险

汇率风险是指银行在为客户提供国际贸易项下相关服务时，由于汇率变化导致银行产生敞口的风险。汇率波动的加大不仅会直接影响银行进行外汇交易的敞口头寸，也会使贸易金融客户的外汇风险增加，企业客户的财务状况受到影响，进而对银行的贸易金融资产质量产生影响。

1. 外汇交易风险。

在国际贸易中，在确定的时间里，外币与外币、外币与本币之间的折算比率可能发生变化，交易涉及的期限越长，外汇风险就越大。由于人民币汇率浮动频率和区间不断加大，商业银行与贸易金融配套的资金交易业务面临的汇率风险将会不断增大。

2. 客户外汇风险。

对于叙做国际贸易融资业务的企业客户，汇率市场的波动将直接影响其应收应付款金额的大小，对于风险承受能力较小、外汇风险管控能力较差的客户，汇率在一段时期内的大幅波动将直接对其现金流产生影响，严重时甚至波及银行的国际贸易融资资产质量。此外，即使在全额现金准现金担保条件下，也会因质押物币种与融资币种的不同而产生汇率风险。

二、贸易金融市场风险管控要点

（一）商品价格风险管控要点

1. 判定风险预警化解方案。

银行通过查询国际国内主要商品或期货网站，了解贸易金融业务项下货物的最新价格，在条件允许的情况下，由专人负责融资的大宗商品价格的逐日盯市，定期形成价格走势报告；调查企业套保和其他期货交易行为，定期形成企业大宗商品价格管理的报告。如货物价格大幅贬值，应在贷前相应降低融资比例，贷后提前还款或追加提供其他担保措施。

2. 严格贸易背景真实性审查。

严格落实融资期限与贸易周期的匹配，落实资金流和担保方式，尤其是对商贸类企业，严格落实每笔业务的下游客户情况并对销售回款进行封闭监管。谨慎介入大宗商品的"转口贸易"业务，如确有必要，须严格落实贸易背景真实性的核查，提高保证金比例，不接受非物权单据的开证业务等，必要时要求落实资产抵押。

3. 重视货权质押业务风险。

对仓单质押等货权质押业务，加强对仓储企业和监管库的检查，除严格落实各项协议的签订外，完善质押手续，切实落实对质物的所有权和质物的实际掌控，落实仓单质押情况，加强与同业的沟通，防止借款人利用仓单进行重复融资；定期到仓储企业和监管仓库进行实地检查或盘点，防范借款人和监管企业勾结造成银行损失。同时建立违规企业"黑名单"制，对进入"黑名单"的企业，在有效资产保全的同时，采取压缩或退出授信等措施。

4. 加强产品设计，为客户提供套期保值方案。

在提供传统的贸易融资服务的同时，加强产品组合，将贸融产品与代客外汇资金产品相结合，建议客户通过签署远期合约、办理期权等方式实现汇率避险。

5. 引导企业开拓多元化进出口市场。

市场风险的最终将以客户的信用风险体现，要加强客户培育，与客户共进退，为客户提供专业的金融方案，在当前错综复杂的国际环境下，引导企业开拓多元化的目标市场，尽量避免单一的进口国或出口国，避免单一结算币种，从而达到分散风险的目的。

（二）汇率风险管控要点

1. 努力提高自身汇率风险管理水平。

在人民币汇率形成机制改革不断推进的情况下，商业银行需在认真评估本行汇率风险管理状况的基础上，积极制定并实施完善汇率风险管理体系、提高汇率风险管理水平的方案，按照国际先进银行的标准建立较为完善的汇率风险识别、计量、监测、控制体系。建立分工明确的汇率风险管理组织结构、权限结构和责任机制，建立有效的风险报告体系和信息系统等，使可能发生的汇率风险和风险损失掌握在银行自身可以承受的范围内。重点关注币种现金准现金质押业务的风险，坚持慎选客户，适度发展，强化经营背景和资信状况审核、资金来源审核、贸易背景核查，质押率不超过规定比例，并安排专人盯市。

2. 认真分析进出口企业抗汇率风险的能力。

进出口贸易企业具有负债率高、应收账款占比大、受汇率影响大以及自有资产少、投资效益低、偿债能力差等特点，由此决定了外贸企业伸缩性大，潜在风险大。因此商业银行开展国际贸易融资业务时，要审查进出口双方贸易的真实性，深入调查融资申请人的经营状况。主要应审查以下三个方面：一是客户在银行的授信及业务记录和信用记录；二是客户的财务状况、管理水平及发展前景；三是审查企业对国际市场的应变能力。通过对进出口企业综合考察，确定抵御汇率风险和偿还银行贷款的能力。

3.审慎推进金融衍生产品的创新。

商业银行应抓住人民币汇率改革的机遇，充分利用金融衍生工具为自己和其他经济主体提供规避风险的产品和服务。可以借鉴国外成熟的汇率风险管理经验，与国外金融机构合作，开发外汇衍生品，引进国际市场上成熟的报价模型和风险管理软件、技术来规避汇率风险。当然，也应认识到，金融衍生业务是一把"双刃剑"，金融衍生产品交易易产生巨大风险，国外由于外汇操作失误而导致银行损失惨重甚至倒闭的案例屡见不鲜，所以在推行和发展金融衍生产品的同时，必须要提高防范和控制金融衍生产品风险的水平和能力。

第三节　国别风险

一、贸易金融国别风险的产生

商业银行对国别风险的定义大致上可以分为两类，第一类将国别风险纳入信用风险体系中；第二类则认为国别风险不仅仅是信用风险，而是包含了信用风险、操作风险、市场风险、流动性风险等一系列一般风险在内的综合性风险。巴塞尔委员会并没有直接提出国别风险的概念，而是将银行承担的主权信用风险纳入了风险暴露中。

为了指导银行业更好地防范国别风险，2010年6月8日中国银监会下发了《银行业金融机构国别风险管理指引》，文中对国别风险做出明确定义，是指由于某一国家或地区经济、政治、社会变化及事件，导致该国家或地区借款人或债务人没有能力或者拒绝偿付银行业金融机构债务，或使银行业金融机构在该国家或地区的商业存在遭受损失，或使银行业金融机构遭受其他损失的风险。

在国际贸易中，国别风险主要体现在贸易主体方因为一国政府的政策、行为发生变化而遭受经济损失的可能性。例如：政府实施外汇管制、进行资金冻结、干预利率、拒绝或推迟偿还债务等都可能增加国际贸易的难度，从而增加银行贸易融资业务的风险。衡量一个国家的国别风险需要考虑的因素有：

（一）国家最高权力机构的构成和领导人决策意向

如果该国家政权不稳，国家政治、经济决策频繁变化，那么会严重影响该国的经济贸易，从而影响该国企业的贸易能力和偿付能力。

（二）环境和习惯因素

如果一国经常发生战乱，或者其经济环境极不稳定，那么该国的企业也容易受到大环境的冲击，可能无法保证正常生产甚至直接倒闭，直接影响货款或银行融资款项的偿付。一国银行和企业的经营习惯也直接影响我国与其开展国际贸易的风险程度，如根据国际商会披露的案例，土耳其部分银行存在信用证下无理拒付或托收项下私自放单的不良记录，孟加拉国很多企业存在拖延付款的先例，这些都直接增加了银行在相关交易下进行融资的风险。

（三）国家经济对外依赖程度

这决定了一个国家经济和金融受地区经济和世界经济影响的程度，从而间接影响该国企业的贸易行为。

二、贸易金融国别风险的管理现状

多数银行都以《银行业金融机构国别风险管理指引》为基础，结合自身实际情况，制定了相应的国别风险管理策略，总体思路是将国别风险纳入全面风险管理架构中，将其与其他风险统一管理。各银行董事会负责审定该行总体风险管理战略等，并监督管理贯彻落实；管理层负责落实董事会确定的风险管理战略和政策，负责承担并监控业务经营中产生的所有风险；风险管理部门负责各类风险的日常监管和防范，并组织对风险进行识别、监测、评估及控制。

我国商业银行国别风险防范还存在如下问题：

一是面临的国别风险正在不断加大。近年来，随着金融危机和欧元区主权债务危机的相继爆发，国别风险已逐渐引起各国商业银行的广泛关注，中国银行业贸易金融业务面临的国别风险不仅体现在客户在国际贸易过程中涉及的国别风险，也体现在银行在不断地对外扩张过程中涉及的国别风险。

二是国别风险意识淡薄。我国商业银行国别风险管理的起步较晚，大部分银行国别风险管理的意识仍较弱。

三是国别风险评估的方法比较单一。国内商业银行对国别风险的评估还仅仅停留在对信贷风险的评估上，对于国别风险的其他诱因的评估较少。

四是目前商业银行国别风险防范的信息系统存在着相对严重的滞后问题。缺乏对国外产业信息、客户信息、金融指标、经济数据的收集、储存、分析和利用，且信息技术在商业银行风险防范领域应用层次较低；管理信息缺失、失真或难以使用现象普遍，尚未建立起有效的风险采集与处理的信息系统机制。

三、贸易金融防范国别风险的建议

（一）将国别风险纳入商业银行全面风险管控体系

随着经济金融全球化的深入推进，各银行应将国别风险纳入全面风险管理的大口径，对国别风险暴露实行限额管理。银行业务部门、同业部门应向风险管理部提出阶段性的国家风险建议限额，风险管理部在汇总、审查各部门和机构的国家风险限额建议的基础上，制订单一和集团层面的国家风险限额计划，经董事会或其授权委员会批准后生效。在特定国家或地区风险状况发生显著变化的情况下，风险管理部应重新审查国家风险限额并提出修改建议，经董事会或其授权委员会批准后生效。

（二）充分利用各种工具缓释国家风险

对涉及国家风险敞口的贷款类业务，可通过出口信用保险、境内保证、抵押、质押等方式，缓释国家风险；对于金融衍生交易业务，可根据与交易对手签订的 ISDA 协议 ① 向其收取抵押品。

出口信用保险是缓释国别风险的有效工具，银行在业务开展过程中应充分运用信保工具，弥补自身在国别风险识别和防控方面的不足之处。如：美国长期以来是中国信保短期业务承保的最大单一市场，中国信保对美国的风险变化一直保持高度关注以及密切跟踪。金融危机期间，随着美国经济再次陷入低迷，报损案件总量和金额出现回升迹象，小规模买家的逃匿和非法停业情况明显增多。

为了提振国内经济，美国利用贸易保护对中国频频发难，贸易摩擦日渐增多，且针对中国实施贸易保护的产品从纺织、轻工等传统劳动密集型产业逐步向钢铁、有色、化学等重化工产业以及新能源、电子信息等高新技术产业扩散。发生争议的内容也逐渐从普通的质量争议、合同纠纷扩展到知识产权、环保标准和劳工权益保护等更

---

① ISDA协议是指国际掉期与衍生品协会（International Swaps and Derivatives Association）为国际场外衍生品交易提供的标准协议文本及其附属文件。

为复杂而广泛的法律领域。对中国企业在产品设计、生产、销售等全流程上提出了更高要求。基于信保公司对美国国别风险的上述分析，银行在开展贸易金融业务时可规避风险高发行业和客户，降低融资风险。

（三）建立国别风险预警机制

建立国别风险的预警机制就是通过对影响国别风险的多种指标进行评估和分析，进而对国别风险的基本情况做出判断，为商业银行风险防范提供可靠依据。可以通过以下两个步骤构建我国商业银行国别风险预警机制：一是借鉴国际评级机构的风险评级体系，一方面定性分析某一国的政治制度和国家政策的变化；另一方面定量分析该国的各项经济指标和金融数据。二是在定性分析和定量分析的基础上，将国别风险分为低级、较低级、中级、较高级和高级五个等级，从而采取有针对性的应对措施。信息获取方面，可包括参考国际评级机构的评级报告、东道国的内外部投资环境分析、对外公布的经济数据、使用境外机构出具的国别风险状况报告，走访相关国家或地区，从其他外部机构获取有关信息等。

（四）完善国别风险管理信息系统

国别风险管理信息系统应包含国别风险的计量方法、国别风险的等级划分、与不同等级的国别风险相适应的风险限额、对债务国政治、经济、社会环境的监测报告等，建立符合自身需求的信息系统是保证国别风险防范流程顺畅运转的前提。

第四节　合规及法律风险

一、贸易金融业务监管政策新进展

（一）货物贸易

为了大力推进贸易便利化,进一步改善货物贸易外汇服务和管理,国家外汇管理局、海关总署、国家税务总局从 2012 年 8 月 1 日起在全国实施货物贸易外汇管理制度改革。改革主要内容包括：1. 改革货物贸易外汇管理方式。外汇局对企业的贸易外汇管理方式由现场逐笔核销改变为非现场总量核查。2. 对企业实施动态分类管理。外汇局根据企业贸易外汇收支的合规性及其与货物进出口的一致性,将企业分为 A、B、C 三类。3. 调整出口报关流程。企业办理出口报关时不再提供核销单。4. 简化出口退税凭证。

针对本次货物贸易外汇管理改革,外汇局同时印发《国家外汇管理局关于印发货物贸易外汇管理法规有关问题的通知》（汇发〔2012〕38 号）,通知包括《货物贸易外汇管理指引》《货物贸易外汇管理指引实施细则》《货物贸易外汇管理指引操作规程（银行企业版）》《货物贸易外汇收支信息申报管理规定》等法规。

为遏制无真实交易背景的虚假贸易融资行为,防范异常外汇资金跨境流动,2013 年 12 月外汇局发布《国家外汇管理局关于完善银行贸易融资业务外汇管理有关问题的通知》（汇发〔2013〕44 号）。主要内容包括：一是督促银行完善贸易融资真实性、合规性审核。二是加强企业分类管理,营造公平有序的市场环境。三是加大对银行、企业违规行为的处罚力度。

2014年，外汇局出台《国家外汇管理局关于边境地区贸易外汇管理有关问题的通知》（汇发〔2014〕12号），要求银行按"展业三原则"，对边贸企业和个人提交的边境贸易进出口单证的真实性及其与贸易外汇收支的一致性进行审查，并建立健全内控制度。

2016年4月，国家外汇管理局出台《关于进一步促进贸易投资便利化完善真实性审核的通知》（汇发〔2016〕7号），主要包括：1.简化A类企业货物贸易外汇收入管理。A类的企业贸易外汇收入（不含退汇业务及离岸转手买卖业务）暂不进入出口收入待核查账户。2.规范货物贸易离岸转手买卖外汇收支管理。同一笔离岸转手买卖业务应在同一家银行网点采用同一币种（外币或人民币）办理收支结算。B类企业暂停办理离岸转手买卖外汇收支业务。

2016年9月，国家外汇管理局下发《关于规范货物贸易外汇收支电子单证审核的通知》（汇发〔2016〕25号），规定外汇指定银行为符合条件的A类企业办理货物贸易外汇收支时，可以审核其电子单证。电子单证是指企业提供的符合现行法律法规规定，且被银行认可并可以留存的电子形式的合同、发票、报关单、运输单据等有效凭证和商业单据，其形式包括系统自动生成的电子单证、纸质单证电子扫描件等。

（二）服务贸易

自2013年9月1日起，为进一步推进贸易投资便利化，促进服务贸易发展，外汇局印发《国家外汇管理局关于印发服务贸易外汇管理法规的通知》（汇发〔2013〕30号），在全国范围内实施服务贸易外汇管理改革。改革主要内容包括：1.推进简政放权。取消服务贸易购付汇核准，服务贸易购付汇业务可在银行直接办理。2.小额交易无须审单。3. 简化单证审核。4. 放宽境外存放。

同时，税务局与外汇局联合发布《国家税务总局　国家外汇管理局关于服务贸易等项目对外支付税务备案有关问题的公告》（国家税务总局　国家外汇管理局公告 2013 年第 40 号），共同确定对外付汇税务政策改革方案。

外汇局在服务贸易外汇管理改革的同时也进一步明确了银行对业务审核的权责，加强对银行审核的尽职要求，促使银行完善相关内控制度与业务操作流程，防范异常资金利用服务贸易渠道进行跨境流动。

（三）特殊监管区域

海关特殊监管区域（包括保税区、出口加工区、保税物流园区、跨境工业区、保税港区、综合保税区等海关实行封闭监管的特定区域）外汇管理规定，主要包括《国家外汇管理局关于印发〈海关特殊监管区域外汇管理办法〉的通知》（汇发〔2013〕15 号）和《国家外汇管理局关于改进海关特殊监管区域经常项目外汇管理有关问题的通知》（汇发〔2013〕22 号），除外汇局另有规定外，区内机构外汇收支按照境内海关特殊监管区域外的外汇管理规定办理。

（四）跨境人民币业务

为进一步提高跨境人民币结算效率，便利银行和企业使用人民币进行跨境结算，2013 年 7 月，中国人民银行印发《关于简化跨境人民币业务流程和完善有关政策的通知》（银发〔2013〕168 号），对于经常项下跨境人民币结算业务流程进行了简化。

2014 年 3 月，中国人民银行等六部委印发了《关于简化出口货物贸易人民币结算企业管理有关事项的通知》（银发〔2014〕80 号），对出口货物贸易人民币结算企业重点监管名单管理进行了规定。

为进一步支持外贸稳定增长，2014 年 6 月 11 日，中国人民银行印发了《关于贯彻落实国务院办公厅关于支持外贸稳定增长的若干意见的指导意见》，该文件从多个方面提出支持外贸稳增长的跨境人民币政策措施。

为便利跨国企业集团成员企业开展资金余缺调剂以及经常项下集中收付业务，2014 年 11 月和 2015 年 9 月，人民银行先后印发《中国人民银行关于跨国企业集团开展跨境人民币资金集中运营业务有关事宜的通知》和《关于进一步便利跨国企业集团开展跨境双向人民币资金池业务的通知》。通知规定：跨国企业集团可以办理跨境双向人民币资金池业务，主办企业专用存款账户的净流入额度上限为资金池应计所有者权益的 50%。同时，跨国企业集团可采用轧差净额结算方式开展经常项下集中收付业务，同时，主办企业和其他成员企业之间应签订集中收付协议，明确各自承担贸易真实性等责任。

为加强境外机构人民币银行结算账户管理，规范境外机构人民币银行结算账户开立和使用，促进贸易投资便利化，人民银行先后印发了《中国人民银行关于境外机构人民币银行结算账户管理办法》（银发〔2010〕249 号）、《中国人民银行关于境外机构人民币银行结算账户开立和使用有关问题的通知》（银发〔2012〕183 号），2016 年 1 月 19 日，人民银行办公厅印发《关于调整境外机构人民币银行结算账户资金使用有关事宜的通知》（银办发〔2016〕15 号），将原新疆霍尔果斯人民币 NRA 可存定期的政策复制推广到全国。

为进一步规范对外放款管理，2016 年 11 月 29 日，人民银行发布《关于进一步明确境内企业人民币境外放款业务有关事项的通知》

（银发〔2016〕306号），要求境外放款的境内外企业之间应存在股权关系。将境外放款的额度从原来的不设上限改为不得超过其所有者权益的30%的余额管理。要求银行加强境外放款的资金来源和运用，同时注意加强审核和跟踪，重点关注境外借款人的经营规模与其借款金额相匹配。

二、当前贸易金融合规及法律风险管理趋势

国际金融危机发生后，国际银行业监管要求趋严趋紧趋细，并不断强化资本、杠杆率、信用风险、市场风险、流动性风险、系统重要性银行、金融衍生品等各类风险的监管要求。司法部门和监管当局日益强化对商业银行合规经营、反洗钱、反恐怖融资的监管，普遍加大司法调查和监管检查力度。司法追责追偿和监管处罚力度空前严厉。以跨境交易为例，近期，中国银监会和国家外汇管理局分别部署并组织银行开展合规检查。其中对于外汇业务检查的重点，聚集在贸易背景真实性，跨市场、跨行业、跨境交易和外汇衍生产品经营与管理方面。外汇合规检查既是监管部门遏制外汇业务违规经营和违法犯罪行为、摸清外汇管理政策法规执行薄弱环节的一项重要举措，也是银行自身查找外汇业务经营中存在的突出问题和风险隐患、确保战略转型顺利推进和外汇业务健康发展的有效抓手。

在贸易背景真实性审核方面，商业银行目前的主要做法是通过后台单证审核与前台业务严格分离、流程化和标准化等手段，审核"表面合规"和"单证表面一致性"。但是，最近两年一系列客户通过虚假贸易套取银行授信的事件表明，片面强调"表面合规"的审核难以有效遏制住这类风险事件。目前，银行开始构建前、中台联动的工作机制，从源头，特别是在"了解客户""了解业务"的环节，

做好贸易背景真实性审核：一是在业务授信方案中嵌入基于物流的物权凭证，并跟踪整个贸易流，规避虚假贸易和期限错配的风险。二是从考察"贸易背景真实性"转变为关注"贸易动机和目的"。由于传统通过检查贸易单据，例如合同、发票、运输单据、报关单等确认买卖交易，以及买卖交易对应的货物真实存在等单纯"考察贸易背景真实性"的方式，并不能完全消除银行风险隐患，因此银行授信调查人员、审查人员需要对客户的贸易动机和目的进行综合考量，以杜绝基于融资性贸易套取银行授信的贸易融资。三是构建基于价值链的结构性授信方案。传统结构性融资授信的设计理念从贸易周期出发，即从买卖双方签订合同开始，至买方最后销售货物为止，提供一站式融资、结算及避险服务。但是，这种方案下交易主体往往仅涉及买方和卖方，无法覆盖整个价值链条，尤其是无法拓展到货物的最终使用者。这在某些特定的情况下，会造成银行对价值流失去控制。因此，银行应从单一贸易融资业务授信品种，或者从仅仅覆盖贸易周期的传统结构性融资授信，转变为涵盖货物整条价值链的系统化的结构性融资授信方案。这不仅是满足企业多样化金融需求的需要，更是银行实施综合化的融资信用风险管控措施的切实需要。

在跨市场、跨行业、跨境交易方面，近年银行大力发展境内外联动业务，满足了跨境企业的融资需求，在一定程度上也加大风险管理的难度，银行表外业务的开展会涉及本外币资金在境内外两家银行、离在岸两个市场的跨境流动，交易过程比较复杂，缺乏全面系统的认识，风险识别能力较低。银行应全口径采集并监测自身及代客跨境收支及结算业务信息、资产负债信息、财务状况收益信息和表外业务状况等信息；适当调整业务风险管理的关注重点，加强对境内银行与境外分支机构本外币业务联动、资金拆借和运用等方面的情况进行监测；不断完善银行表外业务管理制度，防范表外业务风险扩张；建立银行跨境业务发展评估机制、表外业务创新产品审批机制和跨境业务、表外业务数据统计分析机制，以提高风险管理的有效性。

在外汇衍生产品经营和管理方面，商业银行应积极提高对本外币金融衍生业务的科学定价能力，基于收益和交易风险分析模型，确定外汇衍生产品价格；应根据自身情况及金融市场的发展情况，完善自身风险管理系统，制定出与金融市场发展相匹配也符合自身特点的风险管理制度。在外汇衍生产品考核目标的设定上，商业银行应坚持审慎客观的原则，切忌盲目激进；同时，应充分发挥风险管理部门的作用，对市场风险、信用风险、操作风险等进行全面分析和总结，预测可能出现的风险问题及造成的损失，做好预防措施，强化全员的风险管理和预防意识，重视各种潜在的风险问题，将风险扼杀在萌芽状态，确保本外币金融衍生业务稳定、健康地发展。

三、积极有序开展反洗钱工作

贸易金融业务与银行履行法定反洗钱职责高度相关，是商业银行反洗钱合规管理的重点。

（一）反洗钱相关法规

1. 反洗钱金融行动特别工作组（FATF）发布的"40+9条建议"，新40条建议分为前言、引言、法律体系、金融机构和非金融行业与职业应采取的反洗钱和反恐融资措施、反洗钱和反恐融资体系中的制度性措施与其他必要措施、国际合作、术语表以及《40条建议的解释》等部分。9条特别建议的内容主要包括：（1）批准和执行联合国决议;（2）将恐怖融资及其相关的洗钱活动规定为刑事犯罪;（3）冻结和没收恐怖分子财产;（4）报告与恐怖融资有关的可疑交易;（5）国际合作;（6）替代性汇款机制;（7）电汇;（8）非营利组织;（9）现金运输。

至此，"40+9条建议"构建了较为完整的反洗钱和反恐融资框架体系。我国于2007年6月正式加入FATF。

2.联合国《禁止非法贩运麻醉药品和精神药物公约》(1988年)，联合国《与犯罪收益有关的洗钱、没收和国际合作示范法》（1999年），联合国《制止向恐怖主义提供资助的国际公约》（1999年），联合国《打击跨国有组织犯罪公约》（2000年），联合国《反腐败公约》（2003年），巴塞尔银行监管委员会《关于防止犯罪分子利用银行系统洗钱的声明》（1998年）等。

3.我国《刑法》《中国人民银行法》和《中华人民共和国反洗钱法》《金融机构反洗钱规定》《金融机构报告涉嫌恐怖融资的可疑交易管理办法》和《金融机构大额和可疑外汇资金交易报告管理办法》等为主体的反洗钱法律法规。

（二）商业银行开展反洗钱的规定和举措

为确保贸易金融业务反洗钱合规，当前商业银行在执行合规管理通用架构、流程和操作之外，从以下七个方面进一步落实反洗钱规定:

1.完善客户管理。

按反洗钱管理要求，明确开户信息采集的要素和审查标准，细化开户和账户后续管理反洗钱尽职调查的要求，执行账户洗钱风险评估，对高风险客户实行重点监测。

2.执行大额和可疑交易识别报送制度。

全面采集大额交易数据，不断更新和提高可疑交易识别和分析标准，建立系统筛选、柜面识别和专家分析三重立体识别、分析机制，提高可疑交易识别、监测、报告有效性。

3.严控涉恐融资、涉制裁名单交易。

反恐融资、制裁名单管理是反洗钱工作的高风险领域，一旦出现纰漏，将导致难以估量的合规风险、声誉风险和经济损失。对存在涉恐、涉制裁名单地区、企业、人员的交易，采取最严格的识别分析、最严密的监测措施。

4.开展业务产品的反洗钱风险评估。

依照反洗钱合规标准，对业务产品使用的客户对象、适用条件、标准流程和业务风险点进行系统性评估，将反洗钱要求和合规标准嵌入流程，确保风险点定位准确，控制措施到位有效。

5.强化反洗钱检查。

建立和加强覆盖全部网点、全部业务的反洗钱检查工作机制，通过网点、分行、条线、合规部门等多层次、全方位的反洗钱检查体系，综合运用现场检查、非现场检查、动态评估、跟踪整改、违规问责等管控措施，及时识别、控制、处理反洗钱操作风险。

6.升级完善反洗钱系统。

反洗钱系统是商业银行落实日常反洗钱标准操作和管理的基础，商业银行需将反洗钱操作嵌入业务处理系统流程，将反洗钱管理信息流对接业务信息系统，从客户基本信息和交易信息采集分析、特殊名单筛查、反洗钱风险提示、可疑交易监测、协查、风险评估报告等多种控制功能落实、升级和整合，持续完善反洗钱电子化管理。

7.推行反洗钱培训。

建立常态化、多层次的反洗钱培训。针对全员、客户经理、柜员、反洗钱管理员、反洗钱专家等不同岗位、角色，有系统地持续开展反洗钱培训。

四、银行开展合规及法律风险管理的主要手段和措施

根据当前贸易金融业务的趋势和反洗钱、反恐怖融资、反逃税的相关规定，商业银行采取了多种措施，确保贸易金融合规和风控工作顺利开展。

（一）切实履行"真实性审核"的法定义务，主动报告可疑交易

进一步加强对企业合规性经营和交易背景真实性的审核，增强风险意识和自律意识，强化真实性审核职责，在业务办理过程中保持高度的敏感性，严把业务真实性审核关口，防范异常交易资金借助银行渠道流动；如果发现异常，主动、及时向当地监管部门汇报，以防个别客户的异常行为蔓延、发展成区域性案件。

（二）完善考核机制，采取明确、科学的问责措施

设计更为科学的对贸易融资等业务真实性、外汇政策执行合规性的后评价标准和责任认定、惩罚制度。在设计相关考核机制和采取问责措施时，既要达到诫勉的目的，又要注意将主观故意和客户欺诈区分开来，将一般性的业务差错和明显疏忽导致的失职加以区别，设置不同的惩戒标准。

（三）树立稳健经营、科学发展的理念，增强社会责任意识

进一步增强宏观意识、大局意识和社会责任意识，站在国家经济金融安全的高度去理解和执行监管要求，确保"了解你的客户""了解你的业务"和"合理尽职审查"的业务原则得到有效贯彻。不能为了个体利益和短期的竞争优势，默许甚至协助客户规避监管要求，损害国家经济利益。

（四）适应形势发展需求，促进专业化发展与管理

未来专业化比拼的是本外币综合化国际化服务。这就要求银行培养一支掌握本外币、离在案、境内外等国际化综合化的营销人员队伍，并且要善于将现有的产品组合以为客户提供系统的业务解决方案；同时，银行也要持续开展各类产品和业务的规范操作和审查，根据贸易金融业务特点，合理划分岗位职责，细化操作指引，实现对业务办理的前台、中台与后台各个环节操作风险的有效控制。前台业务营销部门，重点应强调双人负责制，建立专门的业务调查信息模板和相关指引。相关人员应按照模板要求的框架开展事前调查工作，降低前台人员主观能力对调查结果有效性的影响。在融资放款环节，应细化对授信主体的直接贸易及其与上下游客户之间的合同协议、货运单据、发票、结算银行对账单等资料的提交程序及审核职责，明确操作要点和规范要求，同时明确资金收付、货物监控等事项的办理要求和风险关注点，做到有章可循。中台业务审批部门，应建立独立审批制度，对贸易金融业务的审批，应通过主体准入与交易债项相结合的方式进行整体性评审，根据客户总体经营情况对其关联交易单据进行调查，以此来掌握客户真实的贸易背景和交易信息，确保贸易融资能在真实的贸易背景下进行，避免因信息不透明、不对称带来的融资风险。

（五）积极配合监管工作，参与监管部门改革进程

银行要充分了解国家宏观政策背景和变化，并将其纳入内控管理范围，全面加强贸易类业务及产品的风险梳理；主动适应外部监管的变化，随时更新自身的管理制度和业务流程，建立更全面、更严谨的合规管理制度体系；做好自身核心业务系统、信息系统的建

设和更新，配置能提升自身合规风险管理水平的硬件和软件；针对各类外部政策法规的改革进程加快及政策调整相对频繁的状况，主动加强业务学习和培训；要充分发挥与客户联系紧密的优势，及时向监管部门反馈政策执行过程中遇到的问题以及各类市场主体的新型业务需求，争取国家针对性的政策支持，以更好地服务实体经济的发展。

（六）顺应互联网金融要求，提升大数据技术的应用能力

在银行业务及会计系统架构的基础上，银行要以收付款数据和外汇结售汇数据为核心，对数据结构、数据含义、统计口径等进行标准化处理，加强自身管理和分析数据的能力，能提前发现违规苗头并进行预警，通过对货物流、资金流和信息流的数据分析，发现商机并加强对企业贸易运行的把控。银行应按照互联网金融的思维和经营模式来改造自身的经营方式，营销、服务、管理等系统都要按照电子化、信息化、流程化的思路来设计，以借助现代信息技术和系统工具，提升集约化、智能化的经营管理能力。在完善信息技术系统的基础上，银行应加强分析数据的能力，更好地服务于分类客户，切实提高对区域经济的支持力度。

第五节　操作风险

一、贸易金融操作风险的概念和分类

依据巴塞尔银行监管委员会的定义，操作风险是指由于内部程序、人员和系统的不完备或失效，或由于外部事件造成损失的风险。贸易金融领域的操作风险主要分为以下四类：

1. 内外部欺诈。机构内部人员或第三方基于基础贸易或金融服务的诈骗、盗用伪造、内外勾结、违反法律及内部规章制度的行为。

2. 客户、产品以及商业行为引起的风险事件。有意或无意造成的无法满足某一顾客的特定需求，或者是由于贸易金融产品的性质、设计问题造成的失误。

3. 运营、交易过程的风险事件。涉及操作失误、交易失败、与合作伙伴的合作失败、不完备的法律文件、泄密，以及业务纠纷等。

4. 经营中断和系统出错。软件或者硬件错误、通信问题以及设备老化。

二、贸易金融操作风险的特征

相对于信用风险和市场风险，贸易金融操作风险的风险因素来源于银行的业务操作，属于银行可控范围内的内生风险，单个操作风险因素与操作损失之间并不存在清晰的、可以界定的数量关系。当前贸易金融操作风险突出表现为内外部欺诈，近年来青岛港持续发酵的欺诈事件是其典型表现。

从覆盖范围看，操作风险覆盖了贸易金融的所有方面。既包括发生频率高、但损失相对较低的日常业务流程处理上的小纰漏，也包括发生频率低、但一旦发生就会造成极大损失的自然灾害引发的系统中断、大规模舞弊等。贸易金融在银行业务中具有业务规模大、交易量大、结构变化迅速等特征，对操作风险具有特殊的敏感性。

另外，从损失事件数目和损失金额的地区分布看，贸易金融操作风险不一定发生在经济发达的分支机构，但是肯定会发生在管理薄弱、风险控制意识不强的地区。

三、贸易金融操作风险管控要点

（一）完善治理机制、加强运营管理

贸易金融操作风险管理必须放在整个银行的风险管控体系下，通过完善治理机制抑制"内部人"控制和"道德风险"，防止内部欺诈和外部欺诈。适应全球性的贸易金融运营集约化趋势，建立流程体系和标准体系，加强系统控制，持续改进贸易背景真实性管理，从根本上解决操作风险控制问题。

（二）完善业务控制与内部监督机制

银行需要适应内部运营模式和外部业务形势的变革，持续完善业务控制和内部监督机制。一是建立分级授权体系，保证风险总体可控，降低业务差错；二是明确关键岗位、特殊岗位、不相容岗位及其控制要求；三是建立操作风险的记录、报告、检查制度；四是对于产品、组织结构、流程、计算机系统的设计过程，应建立有效的控制程序；五是重视对创新业务和创新产品的风险控制，弥补风控漏洞，加强操作风险管理。

（三）改进操作风险管理方法

国内各商业银行在贸易金融操作风险管理的优势在业务和交易层面，在操作风险计量和量化管理方面普遍比较落后，对操作风险的计量还没有一个十分完善的方法，甚至很多商业银行缺少对贸易金融操作风险的统一认定标准。随着商业银行全面风险管理的深入开展，准确计量贸易金融操作风险是一个必然的发展趋势。以此为基础，有利于建立健全操作风险识别和评估体系、内部风险信息报告交流制度，并加强操作风险的宏观控制和动态管理。

（四）建立灾备应急体系应对突发事件

建立信息安全管理体系，对硬件、操作系统和应用程序、数据和操作环境，以及设计、采购、安全和使用实施控制。建立灾备应急体系和突发事件管理体系，应对系统差错以及不可抗力灾备，提高贸易金融业务连续性管理能力。

（五）加强人员培养和管理

贸易金融专业化特征决定了其操作风险控制必须始终重视人的作用。一方面要持续加强员工的专业培养，加强对国际惯例、法律、行业形势的培训，强化同业间的交流，以专业化的思路控制风险，以专家式队伍管理风险；另一方面要结合贸易金融操作风险专业特征，持续加强风险意识教育，坚持不懈地进行行业风险、典型案例、规章制度教育，提高全行员工安全防范意识和遵纪守法观念。

（六）防控贸易金融领域特色操作风险

按照《银行外汇业务展业公约》和《银行外汇业务展业原则》规定，加强自律管理。特别注意防控贸易背景真实性风险和关联交易风险，对增值税发票、提单等境内外贸易融资关键单据进行联网真实性审核，加强第三方监管机构、保险机构、同业合作机构等资质、协议和操作流程管理，切实落实贸易融资监管账户受托支付和回款监控，严格按照国际惯例开展单证和担保业务技术性审查和操作，加强制裁和反洗钱黑名单审查，另外也要防范自营和代理、表内和表外、信用和操作等风险的转换。

第五章

中国银行业贸易金融业务未来发展趋势

　　贸易金融是银行服务于商品和服务交易、贯穿贸易链全程的综合金融服务，服务范围涵盖贸易结算、贸易融资、信用担保、避险保值、财务管理等各个领域，对于便利企业开展贸易、降低交易成本、创造更多的贸易机会意义重大。

　　当前，在全球经济格局调整逐步深化、中国经济结构转型升级逐步推进以及中国银行业在全球的相对地位逐步提升等大背景下，贸易金融呈现出全新的发展态势。商业银行应深入洞悉、积极应对，准确把握贸易金融未来发展脉搏。

一、贸易金融业务发展趋势

（一）全球化推动贸易金融向纵深发展

　　贸易金融服务实体经济的属性，决定了有更多的中小企业被纳入这一金融服务体系。在保持自偿性这一本质特征不变的情况下，贸易金融服务越来越广泛地与银行票据、商业票据、应收和预付账款、货权单据等具有较强变现能力的流动资产相结合，越来越多的中小企业凭借在供应链中形成的债权和物权关系获得银行的融资服务，贸易金融服务呈现向纵深渗透的趋势。

　　"走出去"的中国企业数量进一步上升，需要全球化的贸易金融服务方案。中国企业"走出去"的必然结果，是其采购、生产和销售活动在更广的全球范围内展开。因此，制定全球化的贸易金融服务方案，帮助企业在跨时区、跨国家、跨币种维度上更好地匹配物流和资金流、妥善管理资金收付余缺，最大限度地利用不同币种和不同国家的利率和汇率差异获得收益并规避风险，将成为未来贸易金融服务的关注焦点。在中国企业"走出去"的同时，中国的主要金融机构纷纷加大境外业务拓展力度，这无疑大大增强了中国银行业贸易金融服务全球化的势头。

（二）供给侧结构性改革深入推进，"大众创业、万众创新"等国家战略深入实施，为贸易金融的发展提出了新的业务需求

近年来，随着外部环境、内部条件和要素禀赋的改变，我国经济逐渐进入新常态：经济增长由高速增长转变为中高速增长；经济增长动力由投资和出口拉动向以消费驱动为主转变，发展模式由要素投入型、粗放型向创新型、集约型转变。在此背景下，我国对外贸易也从高速增长转向中高速增长，贸易金融环境面临新变化。原先商业银行服务于跨国贸易、投资，现在正逐步转变，国内贸易结算及相关融资、担保、风险管理的服务越来越凸显其重要性。例如2016年《国内信用证结算管理办法》的出台，正是体现了国内贸易发展的需求，未来也将规范和促进国内贸易的发展。

（三）产品组合趋向集成化和综合化

单一的融资结算占比逐步下降，组合方案占比快速提升。单一的融资结算产品已经不能满足大多数企业的需求。在帮助企业安全、快捷地完成资金收付的同时，能够帮助企业最大化资金收益、有效管理或规避汇率风险的集成化的贸易金融产品成为客户的新宠。

从对单个企业提供融资，转为提供涵盖产业链和关联企业的整体综合服务方案。贸易金融中的供应链融资已经形成典型的"1+N"模式，银行须将供应链的核心企业和上下游供应企业作为一个整体来设计贸易金融服务方案，对产业链上下游关键节点的产、供、销活动进行统筹，在此基础上提供一揽子融资、结算服务和账户管理、财务顾问等衍生服务，以确保整个产业链资金的正常周转。

（四）创新研发常态化

"一招鲜，吃遍天"的机会越来越少，新产品一经推出即被大量复制推广的现象将越来越普遍，保持在贸易金融服务领域的持久竞争优势，需要常态化的创新研发作支撑。因此，银行需要把握好以下重点创新领域：

利率、汇率变动带来的创新机遇。随时因应市场利率、汇率的相对变化不断更新现有产品，适时推出新产品，以不断满足客户锁定风险、降低融资成本的需要。

人民币国际化带来的创新机遇。如离岸市场的资金保值增值和资产托管服务、小币种报价带来的做市商业务、打造人民币资金全球清算体系的资金清算产品、为国外同业提供人民币账户管理和资金结算等，都有巨大的发掘潜力。

监管逐步放松而带来的创新机遇。如资本项目放开、跨境借贷逐步拥有更大的自由度、贸易融资不再纳入外债管理额度管理等一系列跨境资金流动管制的放松将为贸易金融服务带来更大的创新空间。

产业链条延长可能带来的研发热点。随着中国制造受原材料大宗商品价格波动的不利影响日益显现，国内客户越来越希望通过参与国际市场的大宗商品业务锁定价格，大宗商品融资业务也因此成为近来贸易金融业务发展的新热点。许多银行已经开始通过加强与境外大宗商品交易机构的业务合作来搭建大宗商品融资业务平台。

（五）运作管理一体化

人民币国际化打破了跨境贸易融资的币种分割，资本流动的逐步放开也破除了资金跨地域周转的限制，这为贸易金融产品的研发、管理和风险控制打开了境内外一体化运作的空间。

贸易金融的规模化发展也要求实施一体化管理，以提升效率节省成本。许多金融机构加强了贸易金融产品的条线指导和统筹，以标准化产品、差异化组合的策略实现对中小企业和大中型企业的全覆盖。贸易金融服务的后台作业和处理流程整合完成后，设立区域性的单据处理中心和运营服务中心的条件日渐成熟，全球贸易金融服务将获得一体化的运营支持保障。

（六）融资交易信息化

随着传统劳动力成本优势的下降，加工贸易的优势在衰减，基于互联网的新型贸易方式方兴未艾，逐渐成为我国出口的新优势。近几年，我国建设了多个国家级外贸转型升级示范基地、跨境电子商务试点城市。随着互联网金融的发展，一批互联网企业积极涉足金融服务，"网络金融"应运而生，网络金融从"电子金融化"及"金融电子化"两个维度深刻影响着贸易金融的发展。借助电子渠道交付贸易金融产品和服务，银行不仅通过自身的网上银行和电话银行直接向企业客户提供贸易金融服务，还可以与大型电商开展合作，借助电商平台的海量客户信息等来制定专门的融资额度核定标准，从而实现为网店客户批量提供在线融资和结算服务。

二、商业银行应增强贸易金融业务的核心能力

（一）打造全球化的客户关系管理平台

全球化的贸易金融服务需要全球化的客户关系管理平台提供保障和支撑，为此银行应未雨绸缪，提前搭建好全球化的客户关系管理和客户营销方面的基础架构：通过建立全球统一的客户信息平台

实现全球客户信息在银行内部的集中共享，在此基础上推动全球客户的互认互荐和全球客户的分层管理；推动建立两个"三位一体"的全球客户服务体系，即"全球客户经理、全球产品经理和全球风险经理"三者分工协作的体系，以及"总部客户经理、区域客户经理和主办客户经理"三个层次有机协调的体系。

（二）强化一体化的跨境服务能力

首先，强化海内外贸易金融业务的协同合作：充分整合贸易金融服务链条上海外分支机构、代理行网络和境内外同业的服务资源，在此基础上实现跨境服务能力的最大化；在产品和服务流程的设计上，"以客户为中心"明确海内外机构的职责分工，确保全球任何地域客户的跨境服务需求均能在全辖范围内得到有效响应。

其次，统筹贸易金融产品和服务管理。一是建立全球共享的贸易金融产品信息库，促进境内外机构贸易金融产品的沟通与交流；二是加快贸易金融产品的移植和推广，在符合当地监管要求的前提下，促进适销产品的移植和推广。

最后，加强跨区域的贸易金融服务的支持保障。进一步梳理贸易金融产品的业务处理流程和服务规范，实现标准化业务流程在后台的集中整合，建立跨区域的后台处理中心，强化作业和处理中心对贸易金融服务的支持和保障能力，确保对全球客户的贸易金融服务达到较为统一的高水准。

（三）建立灵活的创新研发机制

支撑贸易金融业务发展的创新研发机制应具备三个基本特征：一是扁平化。压缩贸易金融新产品从创意产生，到研发乃至推广的流程所经历的管理层级，按新产品涉及风险的高低实施差异化的审

批流程，最大限度地缩短创新研发周期。二是直达式。搭建全面、
开放、协同的贸易金融产品创意在线平台，广泛收集来自员工、客
户的创意。三是有活力。培育贸易金融的创新文化，充分调动贸易
金融从业人员的创新积极性和创新热情。

（四）构建合作共赢的贸易金融生态圈

由于业务的高度集成化和综合化，贸易金融领域的竞争正越来
越明显地从银行间竞争转变为银行主导的贸易金融生态圈之争。银
行必须广泛开展与贸易金融业务"利益相关方"的合作，构建贸易
金融生态圈，使之成为银行提升贸易金融服务规模、丰富贸易金融
服务品种和强化贸易金融风险管控水平的"倍增器"。一是有选择
地强化与仓储物流机构合作，强化对货权和物流的控制；二是全面
提升与主要电商销售平台的合作，借助网店的交易规模信息和交易
信用记录核定融资额度，提升对中小网点客户的融资服务覆盖面；
三是巩固与信用保险机构的战略协作关系，推动扩大信用保险的覆
盖范围；四是拓展与交易所机构合作伙伴。中国银行在这方面进行
了富有成效的探索和尝试，目前中国银行旗下的中银国际已经成为
伦敦金属交易所会员。

（五）加强各类风险防范，实现贸易金融稳健发展

商业银行要始终坚持"了解你的客户""了解你的业务"的基
本原则，加强贸易背景的真实性调查和审查；要顺应监管导向，合
理设计交易流程，确保资金流向实体经济领域；要重视跟单信用证、
保函等传统贸易结算工具的风险缓释功能，以此弥合新市场中交易
双方的信任缺口；要提高风险管理的前瞻性，从单一客户、单笔交
易的风险管理转向综合和系统性的风险管理；同时，还应制定完备、

规范的贸易金融业务操作规程，实现风险管理的各司其职、分工制约。

三、2016 年商业银行贸易金融业务亮点

（一）新版《国内信用证结算办法》颁布

2016 年 10 月 8 日，中国人民银行、中国银行业监督管理委员会联合颁布的新版《国内信用证结算办法》正式施行，新办法将国内信用证适用对象扩展为国内企事业单位，适用范围扩大至货物和服务贸易项下，业务种类增加了保兑和转让业务。

新版办法的出台大大丰富了国内信用证的使用范围和用途，为企业提供了更好的结算和融资支持，为实体经济注入了新的活力。

（二）人民币正式加入 SDR

含有人民币的新 SDR 货币篮子于 2016 年 10 月 1 日生效。人民币加入 SDR 意义重大：一方面，境外机构人民币资产自动配置需求增加，助力人民币国际化，官方使用人民币的动力增强，提振企业和个人在跨境贸易和投资中使用人民币的意愿；另一方面，境外持有和使用人民币也将促进我国货币政策框架和汇率制度改革、资本项目和资本市场开放、金融监管、综合宏观调控能力提高。

（三）人民银行出台全口径跨境融资宏观审慎管理新政策

2016 年 1 月、4 月和 2017 年 1 月，人民银行发布并更新了全口径跨境融资宏观审慎管理相关政策。这是在前期上海自贸区开始试点全口径跨境融资宏观审慎管理的基础上，将相关试点扩大到了全国。与之前的跨境融资管理政策相比，全口径跨境融资宏观审慎管理政策具有本外币管理一体化、逆周期调节、总量与结构调控并重等特点，规则统一、公开、透明、市场化，有利于拓宽金融机构和

企业的融资渠道，在审慎经营理念基础上提高跨境融资的自主性和境外资金利用效率，改善企业"融资难、融资贵"的状况。

（四）全国外汇市场自律机制建立

2016 年 6 月 24 日，全国外汇市场自律机制成立。全国外汇市场自律机制是由银行间外汇市场成员组成的市场自律和协调机制，在符合人民银行和外管局有关汇率政策和外汇管理规定的前提下，对人民币汇率中间价报价行为、银行间市场和银行柜台市场交易、跨境人民币及外汇业务进行自律管理，维护市场正当竞争秩序。

自律机制成立初期，下设三个工作小组，分别为汇率工作小组、银行间市场交易规范工作小组、外汇和跨境人民币展业工作小组。未来根据履职需要，可增设其他专门工作小组。自律机制的成立标志着中国外汇市场正在由过去的以他律为主转向他律和自律并重。目前全球主要八大交易市场均成立外汇自律组织，中国建立"全国性外汇自律机制"是与国际接轨、适应国际形势和国际潮流的需要。

（五）境内自贸区扩容及出台新政策

2016 年 4 月，人民银行颁布《关于支持中国（广东/福建/天津）自由贸易试验区扩大人民币跨境使用的通知》，此次政策出台正值三个自贸区挂牌成立一周年，同时也是 2015 年 12 月公布《关于金融支持中国（天津/福建/广东）自由贸易试验区建设的指导意见》后，出台的首个支持人民币跨境使用的细则，明确了在多个业务领域的跨境人民币业务试点政策。与原有人民币国际化政策相比，本次自贸区新政策主要在区内个人人民币跨境结算、企业跨境现金管理、企业发行点心债及熊猫债等方面有所突破。

2016 年 8 月底，党中央、国务院决定在辽宁省、浙江省、河南省、湖北省、重庆市、四川省、陕西省新设立七个自贸试验区；第三批自贸区将在前两批自贸区改革试验基础上，围绕制度创新核心，对接高标准国际经贸规则，推动全面深化改革扩大开放。本次自贸区改革综合性强、覆盖范围广，涵盖贸易、投资、金融、政府职能改革等领域，并且各有侧重。

四、中国银行业贸易金融业务发展相关建议

（一）建议明确与贸易相关的银行担保类产品的风险转换系数为 20%

贸易融资业务具有自偿性特征，银行提供的每一笔融资都有与其相对应的贸易项下的未来现金流作为直接还款来源，相对风险较低，有别于其他普通贷款类业务。在当前资源稀缺、资本限制的硬约束条件下，发展经济资本系数低、风险资本回报率高的贸易金融业务，能够优化银行信贷结构。随着贸易融资模式逐渐多样化及增信和风险缓释的实际需求，各类与贸易融资相配套的担保类产品的运用越加丰富，但此类担保业务的风险资产占用却有待明确。银监会《商业银行资本管理办法（试行）》附件二中规定，与贸易直接相关的短期或有项目，表内外信用风险转换系数为 20%。按照监管规定，我们认为除了一年以内的跟单信用证以外，还应当包括与贸易相关的其他短期或有负债。因此，建议监管后续能够明确将贸易或贸易融资项下相配套的银行担保类产品纳入该项目，并按照表内外信用风险转换系数 20% 计量。

（二）建议明确及优化营改增中部分要求

税收是贸易金融领域影响银行及企业成本的一项重要因素。随

着营改增政策的推进，银行贸易金融业务在实务操作中也遇到一些困惑。比如《财政部　国家税务总局关于全面推开营业税改征增值税试点的通知》规定（财税〔2016〕36号）"纳税人接受贷款服务向贷款方支付的与该笔贷款直接相关的投融资顾问费、手续费、咨询费等费用，其进项税额不得从销项税额中抵扣。"但何为"与该笔贷款直接相关"却有些模糊不清，业内也缺乏统一的判断标准。对于此类事项，建议监管当局予以明确，统一行业标准，推进营改增改革规范、有序开展。

（三）建议各监管部门出台政策时能配套发布相应操作指引

合规风险是银行办理贸易金融业务时需要考虑的重要因素。各金融机构和企业对于人民银行、外汇局、商务部和国家税务总局等监管机构出台的各项规章制度均须严格遵守，为提高业务办理效率，对于须向监管机构进行报批、报备的业务，建议各监管部门在出台政策时能充分考虑到后续业务管理的实施方式，同步发布相应的业务办理流程、相关手续要求等操作指引，便于各金融机构和企业在执行过程中做到有法可循、有据可依，为合规工作提供更多便利。

（四）建议监管部门明确信用保险项下银行融资的资本占用规定

出口信贷业务风险资本占用低、中信保保险的风险缓释作用强、对商业银行的存款等综合拉动作用强、中间业务收入来源广，是商业银行较为青睐的境外资产配置选择。中国银行业监督管理委员会虽然明确规定"在计算资本充足率时，中国出口信用保险公司提供政策性信用保险的贷款的风险权重为0"，但对于不同险种项下的银行融资的资本占用并无详细规定，如："双95"出口买方信贷，"非双95"出口买方信贷，出口卖方信贷，海外投资保险项下融资等，建议监管部门针对不同险种，明确资本占用。

2014年6月，财政部下发了《关于引入商业保险公司开展短期出口信用保险业务试点有关问题的通知》后，共有五家商业保险公司取得短期出口信用保险业务的经营资格。为推动出口信用保险项下贸易融资业务的健康稳定开展、进一步开拓业务合作渠道、防范风险，各银行开始探索与人民财产保险股份有限公司等保险机构开展相关业务合作。但目前与人保财险合作出口信保融资在资本占用方面的政策尚不明确，监管权重法下，以人保财险出具的保单作为风险缓释时，融资风险比例暂按100%计算执行，希望银监会能对此予以明确。

（五）建议委员会成员银行统一福费廷等同业合作业务的协议文本，便于业务开展

贸易金融业务的开展，往往需要两家以上银行参与，涉及融资业务，便需要签署协议。以福费廷业务为例，随着市场的发展和客户需求的变化，传统的福费廷业务从一级市场转向二级市场，并有多项延伸。二级市场福费廷买卖业务以其方式灵活、可腾挪规模、帮助客户降低综合融资成本的同时，银行可以获取可观的收益等优势，因此近年来发展蓬勃。但在业务开展中，转卖行与买入行之间往往需要签署福费廷协议，各银行的协议文本、签署协议权限各不相同，导致审核与沟通时间过长，而在多次转让型业务中，由于各环节协议文本的不同，对于追索权及付款的条件或存在差别，可能导致额外的纠纷和风险。建议各银行规范使用统一文本，在便于操作的同时防范协议风险。

（六）建议外汇局出台相关政策允许企业购汇偿还境内外汇贷款

按照《国家外汇管理局关于进一步推进外汇管理改革完善真实

合规性审核的通知》（汇发〔2017〕3号）的相关规定："允许具有
货物贸易出口背景的境内外汇贷款办理结汇。境内机构应以货物贸
易出口收汇资金偿还，原则上不允许购汇偿还"。

　　出口贸易融资的第一还款来源为出口收汇，正常情况下可以用
贸易项下出口收汇归还。但是在实务中存在个别出口商由于境外买
家违约、贸易纠纷或进口国政策管制等突发状况而无法如期收回款
项的情况，此时，若出口商自身外汇资金也不充裕，则不得不购汇
归还，否则银行将会面临融资逾期甚至不良。因此，建议与国家外
汇管理局就上述事宜进行协商并进行明确。